NIMM'S MIT

Transportable Gerichte für Büro, Schule & Picknick

ROSE MARIE DONHAUSER

Inhalt

UNTERWEGS WIE ZU HAUSE GENIESSEN

Welche Snacks eignen sich für ein Picknick? Was esse ich im Büro? Was soll für die Wanderung in den Rucksack? Was bringen wir zur Party mit? Brauchen wir nicht doch Proviant für die lange Zugfahrt? Was passt in die Satteltaschen bei unserer Radtour? Und wie zaubern wir Kindern mehr Abwechslung und Gesundheit in die Pausenbox?

Dieses Buch beschäftigt sich ausführlich mit derartigen Fragen und gibt schmackhafte Antworten – in Form von köstlichen Rezepten und wertvollen Tipps für die Zubereitung, den Transport und die Präsentation vor Ort.

Selbstgemachtes schmeckt oft besser, ist meist gesünder und belastet das Portemonnaie weniger als im Vorbeigehen gekaufte Snacks.

Die Grundausstattung

In jedem Haushalt finden sich verschließbare Behälter, die meist zur Resteaufbewahrung im Kühlschrank oder zum Einfrieren verwendet werden. Oft sind diese Behälter auch mikrowellengeeignet und können direkt vom Kühlschrank in die Mikrowelle gestellt werden. Diese Grundausstattung von kleinen, großen, eckigen oder runden Behältnissen eignet sich aber auch hervorragend zum Mitnehmen von selbstgemachten Speisen.

Die Auswahl ist groß, preislich sehr unterschiedlich und in Größen und Formen, Farben und Verschlussarten höchst abwechslungsreich. Auch bei den Materialien gibt es unzählige Varianten: weicher und harter Kunststoff, Glas, Aluminium und Blech, sogar Holz oder Bambus.

Kunststoffdosen enthalten leider oft Weichmacher, sogenannte polyzyklische aromatische Kohlenwasserstoffe (PAK), im Handel gibt es jedoch auch weichmacherfreie Brotdosen und Aufbewahrungsboxen.

Welches Behältnis man braucht, hängt immer davon ab, was transportiert werden soll – und wohin.

Die heiße Suppe für die Mittagspause am Arbeitsplatz füllt man am besten in eine Isolierkanne. Für den Salat fürs Büro eignet sich eine verschließbare Schüssel, die sich auch gut im gemeinsam genutzten Kühlschrank lagern lässt. Das Dressing füllt man separat in einen kleinen verschließbaren Becher oder auch ein kleines wiederverwertetes Schraubglas, sodass es vor der Verwendung noch mal gut durchgeschüttelt werden kann.

Für längere Reisen im Zug oder Bus ist eine Brotdose mit Kühlakku perfekt, weil das integrierte Kühlelement den Inhalt bis zu 7 Stunden kühlt. Dazu muss die Kühlbox vorher etwa 10 Stunden (oder über Nacht) ins Eisfach oder den Gefrierschrank gelegt werden. In solchen Boxen lässt sich sogar rohes Fleisch fürs Grillen transportieren. Alles kommt sicher und gut gekühlt an.

Weichmacher in der Kunststoffbox? Verlassen Sie sich beim Kauf auf Ihre Nase: Verströmt die Dose einen stark chemischen Geruch, ist die Wahrscheinlichkeit groß, dass sie Weichmacher enthält. Dann lieber die Finger davon lassen.

Gefrierdosen, aus Kunststoff oder Glas, eignen sich besonders für die Mittagspause: Im gleichen Behälter kann eingefroren, transportiert und in der Mikrowelle aufgewärmt werden. Es gibt sie in verschiedenen Größen, Formen und Farben.

Die Klassiker für den Transport der Pausenstulle sind Brotdosen. Aus Kunststoff oder Metall, schlicht oder mit bunten Mustern und Comicfiguren, mit Fächern, Klappdeckel und Luftlöchern – gemein haben sie meist die handliche Größe.

Der Henkelmann wurde von Grubenarbeitern erfunden. In den Emailleoder Blechbehältern ließ sich das Essen im Wasserbad erwärmen. Die indischen **Dabbas oder Tiffin Tins** bestehen aus gestapelten Behältern. Sie sind meist aus Blech, seit Neuestem auch aus Plastik.

**Honiggläser und Milch-
flaschen** mit Verschluss
sind, gründlich gereinigt,
ideale Transportbehältnisse
für das Picknick. Vor allem
ein Dressing lässt sich
darin gut anrühren, mit-
nehmen und nochmals
schütteln, bevor es auf
den Salat kommt.

Das japanische „Bento"
ist eine Speise, die in Käst-
chen angerichtet wird.
Zum Transport gibt es Ben-
toboxen aus gestapelten,
mit einem Band fixierten
Behältern, traditionell aus
Bambus. Heute sind sie
auch als Thermobehälter
erhältlich.

Isolierflaschen halten
nicht nur Getränke, son-
dern auch Suppen und
Saucen warm oder kalt. In
isolierten Behältern kann
ein ganzes Gericht mehrere
Stunden warm oder kalt
gehalten werden – perfekt
für die Mittagspause oder
eine längere Wanderung.

Alufolie am besten nur
sparsam und mehrmals
verwenden. Es gibt auch
Recyclingfolie im Handel.

PLANUNG UND VORBEREITUNG

Gerichte zum Mitnehmen sind in der Regel keine konventionellen Speisen, da sie ja meist nicht am Tisch mit Teller und Besteck gegessen werden. Deshalb müssen die Mitnehmgerichte gut zu verpacken und unkompliziert zu essen sein, ob nun am Bürotisch, auf der Wiese, auf dem Schoß im Zug oder sogar im Stehen bei einer Party.

Damit Sie für alle Gelegenheiten gerüstet sind, werden hier die wichtigsten Ess-Situationen und ihre besonderen Anforderungen vorgestellt. Außerdem sind viele Rezepte mit Empfehlungen versehen, für welche Situationen sie besonders gut geeignet sind. Auch die Zutatenmengen variieren, schließlich bereitet man für die eigene Mittagspause weniger vor als für eine Party mit vielen Gästen.

Picknick auf der Decke
Picknicken heißt nicht nur Entspannen, sondern auch Probieren, denn üblicherweise findet sich im Picknickkorb eine ganze Auswahl verschiedener Köstlichkeiten. Ohne Hektik und Stress und unter freiem Himmel schmeckt alles gleich viel besser. Auch die Romantik kommt beim Picknick nicht zu kurz: Auf der grünen Wiese wird eine große Decke ausgebreitet, auf der alle zusammen sitzen und gemeinsam genießen.

Je nach Picknickziel und Anreise fällt die mitgebrachte Ausstattung aus. Wer mit dem Auto kommt, kann den Kofferraum nach Lust und Laune vollpacken, für alle anderen Fälle eignen sich praktische Picknickkörbe, die über eine Grundausstattung von Tellern, Bechern, Besteck und Servietten verfügen. Aber auch Korkenzieher, Dosenöffner, ein scharfes Messer, Salatbesteck und Gewürzstreuer können nützlich sein, schließlich ist ein Picknick ein bisschen wie ein Campingurlaub – nur, dass man nach dem Picknicken die Nacht meist im gemütlichen Bett statt im Zelt oder Wohnwagen verbringt. Vielleicht möchte auch jemand noch eine Tasse Kaffee? Dafür unbedingt an Zucker, Milch und Kaffeelöffel denken. Vor jedem entspannten Genuss im Grünen steht also eine gute Planung. Dabei helfen die vielen Tipps zum praktischen Transport und leckeren Anrichten vor Ort im Rezeptteil dieses Buches.

Essen am Arbeitsplatz

Jeder Arbeitsplatz ist anders, auch im Hinblick auf die Verpflegung. Gibt es eine Kantine oder nur eine Kaffeemaschine? Oder vielleicht eine Teeküche mit Kühlschrank, Wasserkocher und Mikrowelle? Besteht das kulinarische Angebot aus einem Schokoriegelautomaten auf dem Gang? Oder gibt es vielleicht sogar nichts von alldem?

Mit den Rezepten dieses Buches sind Sie für alle Fälle gewappnet – denn selbst, wer zu den Glücklichen mit einer tollen Kantine am Arbeitsplatz gehört, freut sich ab und zu über ein bisschen selbstgemachte Abwechslung.

Gewiss finden sich Basics wie eine Tasse, ein Glas, eine (Müsli-)Schale, ein scharfes (Obst-)Messer, Besteck und Servietten am Arbeitsplatz, möglicherweise auch ein Grundstock an Gewürzen, Zucker, Salz und Pfeffer für den individuellen Geschmack.

Wenn keine Möglichkeit zum Erwärmen von Speisen am Arbeitsplatz vorhanden ist, müssen warme Speisen natürlich auch warm transportiert werden. Das bedeutet übrigens nicht, dass man nur Flüssiges warm genießen kann: Neben den altbewährten Thermoskannen, in denen sich beispielsweise heiße Suppe wunderbar transportieren lässt, gibt es inzwischen auch Thermo-Lunchboxen. Die Auswahl dazu ist immens: ob gut isoliert und auf Stunden die Gerichte warmhaltend – oder als thermoaktive Lunchboxen mit Stromanschluss und Edelstahl-Wärmeisolierung, die auch abgekühlte Speisen „an der Steckdose" innerhalb kürzester Zeit wieder aufwärmen.

Das Gegenteil sind Kühlelemente bzw. richtige Kühltaschen. Diese eignen sich für Speisen wie Salate, die zwischen Zubereitung und Verzehr nichts von ihrer Frische und Knackigkeit verlieren sollen, und natürlich für alle Lebensmittel, bei denen die Kühlkette nicht unterbrochen werden soll.

Das indische Mumbai ist für die „Dabbawallahs" bekannt: Kuriere, die über 200 000 Angestellten pro Tag selbstgekochtes Mittagessen bringen. Auf den Karren der Kuriere stapeln sich unzählige Essbehälter, die Dabbas, die mit einem Code versehen sind. Geübt schlängeln sie sich durch das Menschengewühl und bringen das Essen sicher und pünktlich zur Mittagspause in die richtigen Büros.

Heiße Spaghetti unterwegs zubereiten

Dazu 100 bis 150 g rohe Spaghetti zu Hause im Salzwasser bissfest garen. Abgießen, abtropfen lassen und mit 1 TL Olivenöl in einer Transportschüssel verpacken, in den Kühlschrank stellen. In einem Plastikdöschen frisch gezupfte Basilikumblätter verstauen und in einer zweiten kleinen Mitnehmbox ge-

viertelte Kirschtomaten vorbereiten. Am Arbeitsplatz in der Teeküche etwa 1 l Wasser kochen und dieses über die abgekühlten Spaghetti gießen. Bis drei zählen und mithilfe des Deckels der Schüssel das heiße Wasser abgießen. Die erwärmten Nudeln mit Salz und Pfeffer würzen und mit den Basilikumblättchen sowie den Tomaten vermengen. Guten Appetit.

Mitbringsel für Party oder Umzug

Ob Party oder Umzug – Gelegenheiten mit vielen hungrigen Mäulern eignen sich hervorragend für Megaportionen aus großen Kochtöpfen oder von Backblechen. Wer einen kulinarischen Beitrag zu einer Party leisten möchte, sollte vorher klären, ob es vor Ort eine Küche gibt, in der sich Gerichte zubereiten, kühlen oder erwärmen lassen. Gerade bei Partys ist der optische Eindruck wichtig, weshalb auch Garnieren und/oder Anrichten eingeplant werden sollte.

Anders ist das bei einem Umzug, denn hier stehen nicht Entspannung und Spaß im Mittelpunkt, sondern die körperliche Anstrengung, häufig begleitet von einer anständigen Portion Chaos. So wird bei einem Umzug meist zwischen Möbeln und Kisten und im Stehen gegessen. Doch trotz dieser widrigen Umstände soll es etwas Nahrhaftes und Leckeres sein, um Kraft für die ganze Schlepperei zu tanken – oder sich für die getane Arbeit zu belohnen. Da ist es zweitrangig, ob die Mahlzeiten oder Snacks schön angerichtet sind, wichtig ist vielmehr, dass sie möglichst aus der Hand gegessen werden können.

Mundgerecht geschnittenes Gemüse aus der luftdicht verpackten Schüssel eignet sich beispielsweise als kleiner Imbiss für zwischendurch. Praktisch ist es auch, den selbstgebackenen Kuchen in der Form bereits vorzuschneiden. Selbstverständlich sind auch die Party- und Umzugsrezepte mit vielen weiteren tollen Tipps aufgepeppt.

Bei Umzugsstress können Kleinigkeiten beruhigen und entspannen. In eine möglichst große bunt karierte Tischdecke Zubehör wie Servietten und gefüllte Snackdosen einpacken. Vor Ort die Tischdecke – wo auch immer – ausbreiten und die Transportboxen öffnen. Die Deckel beiseitenehmen und die Servietten hübsch arrangieren. In einer Box können pikante Snacks wie Räucherfisch im Blätterteig (Seite 70), in der nächsten Box Scheiben vom Olivenkuchen mit getrockneten Tomaten (Seite 103) oder in der anderen noch Mozzarella-Tomaten-Muffins (Seite 99) arrangiert sein.

Snacks auf Reisen

Stundenlange Zug-, Bus- oder Autofahrten machen hungrig. Da ist es gut, wenn man sich vorher um den Proviant kümmert – und das müssen nicht immer nur belegte Brote und abgestandener Tee aus der Isolierkanne sein.

Warum nicht für besonders lange Fahrten eine klare Gemüse- oder Fleischbrühe vorbereiten? Die ist lecker, spendet Kraft und lässt sich problemlos in der Isolierkanne transportieren. In diesem Buch finden Sie auch Tipps, wie sich Einlagen für solche Suppen gut separat mitnehmen lassen. Auch frisches Obst aus der Transportbox ist ein toller Snack für unterwegs, allerdings sollte darauf geachtet werden, dass beim Mitnehmen nichts zerdrückt werden kann – sonst wird aus den knackigen Kirschen ganz schnell schlappes Mus.

Vor allem wer bei langen Fahrten selbst am Steuer sitzt, sollte darauf achten, genügend zu trinken. Schwarztee eignet sich nicht besonders, da er nach einigen Stunden in der Thermoskanne nicht mehr gut schmeckt. Stattdessen sind Kräuter- oder Früchtetees eine leckere Alternative oder natürlich heißer Kaffee. Bei langen Fahrten empfiehlt es sich, den Proviant in einer Kühltasche zu transportieren. Die zubereiteten Speisen sind an einem Platz, sicher verstaut und vor allem gut gekühlt – so schmecken selbst einfache Stullen gleich viel besser.

Aufgetischt am Rastplatz
Bei einer langen Autofahrt soll das Essen nicht belasten, sondern auffrischen und Energie verleihen. Da passen Crudités mit Rosinen-Linsen-Dip (Seite 113), Minze-Lammbällchen (Seite 145) und Früchtesalat mit Nuss-Baiser-Goodies (Seite 169). Alles in eine Kühltasche packen, damit die geschnittenen Gemüsehappen auch nach stundenlanger Fahrt noch appetitlich aussehen.

Mit dem Rucksack unterwegs

Wandern macht Spaß – allerdings kann ein zentnerschwerer Rucksack auf dem Rücken das Vergnügen gewaltig trüben. Deshalb will genau überlegt und geplant sein, was unbedingt hineinmuss – das gilt auch für den Proviant. Schließlich wäre es unsinnig, zu viel mitzunehmen, bloß um die Reste am Ende wieder mit nach Hause zu schleppen. Allerdings erfordert eine Wanderung eine Menge Energie.

Deshalb eignen sich vor allem nahrhafte und sättigende Snacks mit vielen Kohlenhydraten, zum Beispiel ein leckeres Vollkornbrot, belegt nach Lust und Laune mit Schinken oder Käse, Sojaprodukten oder Wurst und knackigem Gemüse. Ist es draußen ordentlich warm, sollte auf Butter oder Streichkäse verzichtet werden, stattdessen können die Stullen mit scharfem Senf, Tomaten- oder Paprikamark verfeinert werden.

Selbstverständlich sind sperrige Brotdosen und Isolierkannen nicht für den Transport in einem Wanderrucksack geeignet. Daher sind in diesem Buch Gerichte speziell gekennzeichnet, die sich durch ihre Robustheit, sprich ihre besonders gute Transportfähigkeit auszeichnen.

FÜNF TIPPS FÜR DAS OPTIMALE TRANSPORTGERICHT

1. Ordnung muss sein

Egal für welche Unternehmung die Gerichte verpackt werden – ein bisschen Ordnung sollte im Hinblick auf den Transport schon herrschen. Die Lebensmittel werden so vor- oder zubereitet, dass alles für den Verzehr fertig ist – und nur noch mit wenigen Handgriffen eventuell vermischt oder angerichtet werden muss. Dazu werden die Speisen getrennt voneinander in verschließbare Behälter gefüllt und luftdicht verpackt. Schwere Behälter kommen in eine Kühltasche nach unten, die leichteren Behälter darauf. So kann nichts kippen oder verrutschen.

2. Robuste Zutaten

Für einen Transport ohne Kühltasche sollten unempfindliche Lebensmittel gewählt werden, beispielsweise feste Gemüse- und Obstsorten, Backwaren und belegte Brote mit hitzeunempfindlichen Belägen wie hart gekochten Eiern, gekochtem Schinken oder geräuchertem Fischfilet. Aber auch gefüllte Blätterteigtaschen, druckunempfindliche Früchte und Gemüse wie Äpfel, Gurken, Möhren oder Paprikaschoten sind empfehlenswert.

3. Mengen kalkulieren

Mitnehmen heißt auch, ausreichend, aber nur so viel wie nötig. Es gilt, sinnvoll zu kalkulieren, damit nichts übrig bleibt – und der Appetit trotzdem gestillt ist. Dazu werden die gewählten Rezepte bzw. Gerichte schon so vorgefertigt, dass nur noch ausgepackt werden muss – und keine Abfälle zu erwarten sind.

4. Bestecklos genießen

Sparen Sie Platz im Rucksack und lassen Sie das Besteck zu Hause. Portionierte Speisen, die sich mit den Fingern essen lassen, sind ideal für Rucksacktrips oder ein Picknick. Probieren Sie die kleinen Sommerröllchen von Seite 83 oder die Pfannkuchenröllchen mit Potpourrie von Seite 123.

5. Essbares Geschirr

Salatblätter und Avocadohälften sind unterwegs ein hervorragender Tellerersatz. Probieren Sie Pfifferling-Frikadellchen (Seite 129) oder asiatische Würstchen im Salatblatt (von Seite 126).

A   Geflügelkroketten mit
       Aprikot, Seite 119

B   Chili-Zimt-Rhabarber mit
       Erdbeermus, Seite 154

C   Ananassalat mit Koriander,
       Seite 54

D   „Obatzda" mit Radieschen,
       Seite 107

E   Kaltes Papayasüppchen aus
       Bali, Seite 37

Kleckerfreie Suppen

Flüssige Transportideen für kleckerfreien Suppengenuss finden Sie in diesem Kapitel: zum Beispiel kalte Suppen, die bei sommerlichen Temperaturen aus dem Becher getrunken werden können. Sie können auch gleich die Suppe als Eiswürfel mit zum Picknick nehmen. Aber natürlich gibt es auch Klassiker wie klare Brühe, die dampfend heiß aus der Isolierflasche ausgeschenkt und mit Fleischstreifen, Gemüsewürfeln oder Nudeln garniert wird. Vielleicht ist auch eine cremig pürierte Suppe, die Sie während einer Wanderung mit frischer Energie versorgt, das Richtige für Sie?

KALTE-ERBSENSUPPE-TÄSSCHEN

Perfekt fürs Picknick

30 Minuten
1 Isolierflasche (1,5 Liter)

1 Die Minzeblättchen waschen und in Streifen schneiden. Zusammen mit den aufgetauten Erbsen, Olivenöl, dem Joghurt sowie der Geflügelbrühe im Küchenmixer fein pürieren. Kräftig mit Salz, Pfeffer sowie mit Chilipulver würzen.

2 Die gefrorenen Erbsen in die Isolierflasche geben und mit kalter Erbsensuppe auffüllen.

Anrichten
Die kalte Suppe in Tassen füllen. Die gefrorenen Erbsen sind bis dahin angenehm aufgetaut und ergeben ein kühlendes Süppchen.

Für 8 Portionen
~ etwa 20 frische Minze-
   blättchen
~ 600 g TK-Erbsen, davon
   400 g aufgetaut
~ 1 EL Olivenöl
~ 250 g Vollmilchjoghurt
~ 250 ml kalte Geflügel- oder
   Gemüsebrühe
~ Salz, schwarzer Pfeffer aus
   der Mühle
~ Chilipulver

Pro Portion
~ 6 g E * 3 g F * 11 g KH
~ 100 kcal

27

VIETNAMESISCHE SUPPE „PHO BO"

30 Minuten
1 Isolierflasche (2 Liter)
3 Transportboxen für Fleischstreifen, Nudeln und Gemüse

1 Die Fleischbrühe aufkochen, in die Isolierflasche füllen und diese verschließen.

2 Die Bratenscheiben in feine Streifen schneiden, in eine Transportschale füllen, mit Fischsauce vermengen und verschließen.

3 Die Reisnudeln nach Packungsanleitung in siedend heißem Salzwasser garen, abgießen, kalt abspülen, gründlich abtropfen lassen und in eine Transportschale geben. Mit Öl beträufeln und verschließen.

4 Das Gemüse putzen und waschen. Die Möhren schälen, Zucchini und Möhren in feine Streifen schneiden. Die Frühlingszwiebeln klein würfeln. Das Gemüse in die Transportschale füllen und verschließen.

Anrichten
Jeder gibt etwas Gemüse und ein paar Nudeln in seine Schale und gießt heiße Fleischbrühe aus der Isolierflasche darüber.

Für 8 Portionen

~ 1,5 l Fleischbrühe
  (Rezept Seite 32 oder
  aus dem Glas)
~ 250 g Bratenscheiben
  (Aufschnitt)
~ 2 EL asiatische Fischsauce
~ 250 g asiatische Reisnudeln
~ 1 EL Olivenöl
~ 2 Möhren
~ 1 mittelgroße Zucchini
~ 4 Frühlingszwiebeln

Pro Portion

~ 12 g * 3 g F * 29 g KH
~ 198 kcal

INGWER-KÜRBIS-SUPPE

40 Minuten
1 Isolierflasche (2 Liter) oder 1 Transportbehälter

Für 2–3 Portionen

~ 500 g Kürbis (z. B. Hokkaido)
~ 1 Kartoffel (100 g)
~ 1 kleine Zwiebel
~ 1 Knoblauchzehe
~ 2 cm frische Ingwerwurzel
~ 1 EL Rapsöl
~ ½ kleine, rote Chilischote
~ 50 ml trockener Weißwein
   (oder Brühe)
~ Salz, schwarzer Pfeffer aus
   der Mühle

Pro Portion (bei 3)

~ 4 g E ∗ 5 g F ∗ 31 g KH
~ 194 kcal

1 Den Kürbis halbieren, die Kerne entfernen und das Fruchtfleisch in kleine, gleichmäßige Stücke schneiden. Die Kartoffel schälen und passend dazu schneiden.

2 Die Zwiebel, die Knoblauchzehe sowie den Ingwer schälen und fein würfeln.

3 Das Rapsöl in einem breiten Topf erhitzen und darin Zwiebel-, Knoblauch- und Ingwerwürfel andünsten. Kürbis- und Kartoffelstücke hinzufügen, einige Male durchrühren und mit Weißwein ablöschen. Die entkernte halbe Chilischote einlegen und alles mit 600 bis 800 ml Wasser aufgießen.

4 Die Kürbissuppe bei mittlerer Hitze etwa 15 Minuten leise kochen lassen und dann mit einem Pürierstab, je nach Geschmack, grob oder fein pürieren. Wer es nicht so scharf mag, entfernt die Chilischote vor dem Pürieren. Die Suppe mit Salz und Pfeffer abschmecken und die Chilischote entfernen.

Transport und Anrichten
Wenn Sie im Büro Zugang zu einer Mikrowelle haben, füllen Sie die Suppe zum Transport in einen einfachen Transportbehälter und wärmen Sie sie in der Mittagspause auf. Sie können die Suppe auch warm in einer Isolierflasche mitnehmen.

Tipp
Bereiten Sie größere Mengen zu und frieren Sie die Suppe portionsweise ein. So haben Sie immer einen schnellen Lunch für die Mittagspause vorrätig.

TAFELSPITZ UND SEINE BRÜHE

30 Minuten + 2 Stunden ziehen
1 Isolierflasche (2 Liter), 1 Transportbox

Für 4 Portionen

~ 1 Suppenbund (Lauch, Möhre, Sellerie)
~ 1 kg Tafelspitz (Rindfleisch zum Kochen)
~ 1 kleine Zwiebel
~ 2 Lorbeerblätter
~ 2 Gewürznelken
~ 4 bis 5 schwarze Pfefferkörner
~ 1 TL Salz
~ 1 Bund gemischte Kräuter (Petersilie, Kerbel, Thymian)
~ 1 große Zwiebel
~ 2 EL Weißweinessig
~ 4 EL Pflanzenöl

Pro Portion

~ 51 g E * 20 g F * 1 g KH
~ 400 kcal

1 Das Suppenbund putzen, waschen und klein schneiden. Den Tafelspitz in eine Schüssel geben und im Spülbecken kaltes Wasser ein- und überlaufen lassen. Zwischendurch prüfen, ob das Wasser klar ist. Die Zwiebel halbieren und mit je einem Lorbeerblatt sowie einer Gewürznelke spicken.

2 Den Tafelspitz mit Gemüse, Zwiebelhälften und den Pfefferkörnern in einen Topf geben und mit etwa 3 l kaltem Wasser aufgießen. Mit Salz würzen. Nach dem ersten Aufkochen die Hitze reduzieren und das Fleisch, je nach Qualität, in etwa 2 Stunden bei mittlerer Hitze ziehen lassen. Nach etwa der Hälfte Kochzeit die Kräuter waschen, grob zerschneiden und in die Fleischbrühe geben.

3 Das gegarte Fleisch aus der Brühe nehmen und zugedeckt 5 bis 10 Minuten zum Nachziehen stehen lassen. Anschließend vollständig erkalten lassen. Die Brühe durch ein Sieb passieren und in die Isolierflasche geben.

4 Das Fleisch in schmale Streifen schneiden. Die Zwiebel schälen, in Streifen schneiden und mit den Fleischstreifen locker vermengen. Mit einigen Esslöffeln Brühe, Weißweinessig und Pflanzenöl vermischen und mit Salz und Pfeffer würzen, in die Transportbox geben.

Anrichten
Die Rindfleischbrühe aus Tassen pur trinken oder mit Fleischstreifen als Einlage. Aus den Fleischstreifen kann auch ein Salat mit Zwiebelstreifen, 2 bis 3 EL Pflanzenöl, 1 EL Sherryessig, Essiggurken, Salz und Pfeffer zubereitet werden.

PASTINAKENSUPPE MIT HASELNÜSSEN

Perfekt für die Arbeit

30 Minuten
1 Isolierflasche (1 Liter) oder 1 Transportbehälter

1 Die Pastinaken waschen, schälen und in kleine Stücke schneiden. Die Tomaten mit heißem Wasser übergießen, häuten, halbieren und klein würfeln. Die Butter in einem Topf erhitzen und darin die Pastinaken 2 bis 3 Minuten andünsten.

2 Die Tomatenstücke hinzufügen, mit Zucker verrühren und mit 500 ml Wasser aufgießen. Das Gemüse bei mittlerer Hitze in etwa 10 Minuten garen und dabei mit Gemüsebrühe würzen.

3 In der Zwischenzeit das Basilikum waschen, trocken schwenken, die Blättchen abzupfen und in Streifen schneiden. Die Suppe mit einem Mixstab pürieren und mit Salz und Pfeffer würzen.

4 Die Suppe mit Sahne oder Crème fraîche verfeinern, mit Zitronensaft abschmecken und zuletzt die Basilikumstreifen unterziehen.

Transport und Anrichten
Die Suppe entweder in der Isolierflasche für die Mittagspause heiß halten oder in der Mikrowelle erwärmen. Die Haselnussblättchen erst kurz vor dem Essen über die Suppe streuen.

Für 2 Portionen

~ 500 g Pastinaken
~ 150 g Tomaten
~ 1 TL Butter
~ 1 TL Zucker
~ 1 TL Instant-Gemüsebrühe
~ 1 kleines Bund Basilikum
~ Salz, schwarzer Pfeffer aus der Mühle
~ 2 EL Sahne oder Crème fraîche
~ 1 TL frischer Zitronensaft
~ 2 EL geröstete Haselnuss-blättchen

Pro Portion

~ 5 g E * 13 g F * 29 g KH
~ 268 kcal

KARTOFFEL-MARONI-SUPPE MIT LIEBSTÖCKEL

Perfekt für den Ausflug

40 Minuten
1 Isolierflasche (1 Liter)

1 Das Suppengemüse putzen, waschen, Möhre sowie Knollensellerie schälen und klein würfeln. Die Schalotte schälen und fein würfeln. Die Maroni kleiner schneiden. Die Kartoffeln waschen, schälen und in kleine Stücke schneiden. Den Lauch längs halbieren, das dunkle Grün entfernen, waschen und in Streifen schneiden.

2 Die Butter in einem Topf erhitzen und darin Lauchstreifen, Möhren-, Sellerie- und Schalottenwürfel andünsten. Mit etwa 600 ml Wasser aufgießen und Maroni- und Kartoffelstücke hinzufügen. Einmal aufkochen lassen und bei mittlerer Hitze in knapp 20 Minuten weich garen.

3 Die Suppe mit einem Mixstab fein pürieren und mit Salz, Pfeffer sowie mit Zimt würzen. Zuletzt den Liebstöckel unterrühren. Noch warm in die Isolierflasche füllen.

Tipp
In einer separaten Dose in Streifen geschnittene Möhren- oder Zucchinistreifen mitnehmen. Diese eignen sich als Suppeneinlage sehr gut.

Für 2 Portionen
- ~ 150 g Suppengemüse (Möhre, Knollensellerie, Lauch)
- ~ 1 Schalotte
- ~ 150 g geschälte, gekochte Maroni (vakuumiert)
- ~ 150 g Kartoffeln
- ~ 1 TL Butter
- ~ Salz, schwarzer Pfeffer aus der Mühle
- ~ 1 kleine Prise gemahlener Zimt
- ~ 1 TL gezupfter Liebstöckel

Pro Portion
- ~ 4 g E * 4 g F * 43 g KH
- ~ 235 kcal

GURKENKALTSCHALE MIT DILL-SESAM

25 Minuten + 1 Tag einfrieren
2 Transportbehälter

Für 4 Portionen

~ 750 ml kalte Gemüsebrühe
~ 2 Salatgurken
~ 1 EL Sesamsamen
~ 1 kleines Bund Dill
~ 4 Frühlingszwiebeln
~ 2 Knoblauchzehen
~ 2 EL Reisweinessig
~ 1 EL Zucker
~ 1 EL helle Sojasauce

Pro Portion

~ 3 g E * 3 g F * 12 g KH
~ 87 kcal

1 Die Gemüsebrühe am Vortag in Eiswürfelbereitern gefrieren lassen.

2 Die Salatgurken waschen und schälen. Dann quer in dünne Streifen schneiden oder hobeln. Die Sesamsamen in einer beschichteten heißen Pfanne ohne Fett 1 bis 2 Minuten rösten lassen, bis sie duften. Abkühlen lassen.

3 Den Dill waschen, trocken schütteln, abzupfen und fein hacken. Die Frühlingszwiebeln putzen, waschen und in feine Ringe schneiden. Die Knoblauchzehen schälen und durch eine Knoblauchpresse drücken.

4 Den Knoblauch mit Reisweinessig, Zucker und Sojasauce verrühren und mit den Gurkenstreifen sowie dem Dill vermischen. In eine verschließbare Schüssel füllen und bis zum Transport kalt stellen. Den Sesam in Klarsichtfolie einpacken. Die gefrorenen Gemüsebrühewürfel in einen Transportbehälter geben.

Transport und Anrichten
Die Gemüsebrühe sollten beim Transport wieder geschmolzen, aber immer noch sehr kalt sein. Die Gurkenmischung in Schalen verteilen und mit kalter Gemüsebrühe begießen. Mit Sesam bestreuen.

KALTES PAPAYA-SÜPPCHEN AUS BALI

30 Minuten
1 Isolierflasche (1,5 Liter), 2 kleine Transportbehälter

1 Die Papaya schälen, längs halbieren, entkernen und das Fruchtfleisch kleiner schneiden. Zusammen mit dem Orangensaft im Küchenmixer oder mit dem Pürierstab fein zerkleinern.

2 Die Frühlingszwiebeln putzen und klein würfeln. Den Ingwer schälen und klein schneiden.

3 Die Papayasuppe mit Frühlingszwiebeln und Ingwer verrühren und mit Salz, Pfeffer und Cayennepfeffer würzen. Kalt stellen und für den Transport in eine Isolierflasche füllen.

4 Den Koriander waschen, trocken schütteln, die Blättchen abzupfen und fein hacken. Koriander und Ziegenkäse separat in kleine Behälter für den Transport füllen.

Anrichten
Die kühle Suppe in Suppenschalen, Tassen oder Gläser füllen. Mit Koriander und Ziegenkäse bestreuen. Dazu Brot servieren. Für das Partybuffet jeweils einen frischen Zitronengrasstiel in die Gläser stecken. Koriander und Käse separat dazustellen – jeder kann sich davon nehmen.

Für 4 Portionen
~ 500 g Papaya (entweder 1 große oder 2 kleine)
~ Saft von 1 Orange
~ 2 Frühlingszwiebeln
~ 1 bis 2 cm frische Ingwerwurzel
~ Salz, schwarzer Pfeffer aus der Mühle
~ Cayennepfeffer
~ 1 kleines Bund Koriander
~ 150 g grob geraspelter (Hart-)Ziegenkäse
~ evtl. Zitronengrasstiele

Pro Portion
~ 11 g E * 11 g F * 9 g KH
~ 188 kcal

KALTE GEMÜSESUPPE „ANDALUZ" MIT KNOFI

30 Minuten + 1–2 Stunden kühlen
1 Dressingbecher oder Schraubglas, 1 kleiner Behälter
1 Isolierflasche (1,5 Liter), 1 Transportbehälter

Zutaten für 4 Portionen
~ 10 Knoblauchzehen
~ 10 EL Olivenöl
~ 5 Scheiben Weißbrot (z. B. Ciabatta oder Baguette)
~ 500 g aromatische Tomaten
~ 4 Frühlingszwiebeln
~ 1 kleine Salatgurke
~ 500 ml kalte Gemüsebrühe
~ 2 EL Sherryessig (oder Weißweinessig)
~ grobes Meersalz
~ grob geschroteter schwarzer Pfeffer
~ je 1 gelbe und 1 rote Paprikaschote

Pro Portion
~ 5 g E * 26 g F * 22 g KH
~ 355 kcal

1   Die Knoblauchzehen schälen, fein würfeln und in 2 EL Olivenöl 2 bis 3 Minuten braten. Abkühlen lassen und in den Dressingbecher füllen. Zwei Scheiben Weißbrot etwas kleiner zupfen und mit 2 EL Olivenöl beträufeln.

2   Die restlichen drei Weißbrotscheiben in kleine Würfel schneiden und in 2 EL Olivenöl von allen Seiten in 2 bis 3 Minuten knusprig braten. Abkühlen lassen und in den kleinen Behälter zum Transportieren füllen.

3   Die Tomaten waschen, mit kochend heißem Wasser überbrühen, häuten, vierteln und entkernen. Die Frühlingszwiebeln putzen und klein würfeln. Die Salatgurke waschen, schälen, längs halbieren, die Kerne herauskratzen und kleiner schneiden.

4   Das eingeweichte Brot mit 4 EL Olivenöl, Tomaten, Gurke und mit Gemüsebrühe im Küchenmixer fein pürieren. Mit Sherryessig, Meersalz und Pfeffer würzen. Die Gemüsesuppe erst bei Zimmertemperatur, dann im Kühlschrank vollständig erkalten lassen. Anschließend in die Isolierflasche füllen. Die Paprikaschoten waschen, halbieren, entkernen sowie Stielansätze entfernen und in kleine Würfel schneiden. Luftdicht in einem Transportbehälter verpacken.

Transport und Anrichten
Vor Ort nimmt sich jeder in eine Suppenschale oder Tasse etwas von der Gemüsesuppe und bestückt diese nach Belieben mit Brotwürfeln, gebratenem Knoblauch, Frühlingszwiebeln und Paprikawürfeln.

KOKOS-LINSEN-SUPPE MIT KORIANDER

....

25 Minuten
1 Isolierflasche (1 Liter)

1 Die Linsen unter fließend kaltem Wasser waschen und abtropfen lassen. Den Lauch putzen, zwischen den Blattschichten waschen und klein würfeln. Den Koriander waschen, trocken tupfen, die Blättchen abzupfen und fein hacken.

2 Das Olivenöl in einem Topf erhitzen und darin die Lauchwürfel 1 Minute andünsten. Die Linsen hinzufügen, kurz mit dünsten und alles mit Gemüsebrühe aufgießen. Einmal aufkochen lassen und dann bei mittlerer Hitze die Linsen in etwa 15 Minuten gar kochen.

3 Die Suppe mit einem Mixstab fein pürieren und nach Belieben durch ein Haarsieb streichen. Erneut zum Erhitzen aufstellen und Kokosnussmilch sowie Orangensaft einrühren. Mit Salz, Pfeffer, Gewürznelken und Currypulver würzen. Zuletzt den Koriander unterrühren.

Für 2 Portionen
~ 100 g rote Linsen
~ 1 kleine Lauchstange (nur das Weiße)
~ 3–4 Korianderzweige
~ 2 EL Olivenöl
~ 500 ml Gemüsebrühe
~ 100 ml Kokosnussmilch
~ 50 ml Orangensaft
~ Salz, schwarzer Pfeffer aus der Mühle
~ 1 Msp. gemahlene Gewürznelken
~ ¼ TL Currypulver (mild oder scharf, je nach Geschmack)

Pro Portion
~ 14 g E * 19 g F * 25 g KH
~ 342 kcal

Salate *Knackige*

Inspiration für bunte Salate, die auch nach dem Transport noch frisch und knackig sind, finden Sie in diesem Kapitel. Es werden robuste Zutaten wie Reis oder Linsen verarbeitet, aber auch für empfindliche Salatherzen gibt es einfache Tipps für den Transport. Außerdem gibt es eine ganze Menge Variationen, die mit Früchten, Gemüsen, Nüssen, Kräutern, Weizen oder Samen aus jedem Salat einen echten „Lecker-Schmecker-Garanten" machen.

SALATHERZEN MIT NUSS-RADIESCHEN-CRUMBLE

Für 8 Portionen
~ 1 kleines Bund Radieschen
  (etwa 10 Stück)
~ 1 kleine, rote Chilischote
~ 2 Knoblauchzehen
~ 4 Frühlingszwiebeln
~ 100 g Walnusshälften
~ 100 g Pinienkerne (ersatzweise Cashewkerne oder
  Haselnüsse)
~ 4 EL Sonnenblumenöl
~ 1 EL dunkles Sesamöl
  (Würzöl)
~ Salz
~ schwarzer Pfeffer aus der
  Mühle
~ 4 knackige Salatherzen

30 Minuten
Alufolie, 1 kleiner Transportbehälter

1 Die Radieschen putzen, waschen und in streichholzgroße Stifte schneiden. Die Chilischote säubern, entkernen, Stielansatz entfernen und fein hacken. Die Knoblauchzehen schälen und fein würfeln. Die Frühlingszwiebeln putzen und fein würfeln. Die Walnüsse mit einem scharfen Messer sehr fein hacken.

2 Das Sonnenblumenöl in einer beschichten Pfanne erhitzen und darin Knoblauch- und Chiliwürfel 1 Minute andünsten. Die Radieschenstifte sowie die Frühlingszwiebeln einstreuen und alles unter Rühren kurz braten. Zuletzt die Walnüsse sowie die Pinienkerne hinzufügen und weitere 2 bis 3 Minuten bei mittlerer Hitze braten. Die Pfanne vom Herd ziehen, das Sesamöl unterrühren. Mit Salz und Pfeffer würzen, kurz abkühlen lassen und in einer Box luftdicht verpacken.

3 Die Salatherzen einzeln entblättern, waschen, trocken schwenken und zuerst in Küchenpapier und dann in Alufolie einwickeln.

Anrichten
Jeder nimmt sich ein Salatblatt und belegt es mit der pikanten Nussmischung – ohne Teller und Besteck einfach aus der Hand essen.

Pro Portion
~ 5 g E * 21 g F * 3 g KH
~ 228 kcal

BRUSCHETTA MIT TOMATEN

15 Minuten
2 Transportbehälter

1 Die Tomaten waschen, halbieren und in kleine Würfel schneiden. Die Zwiebel schälen, halbieren und fein hacken. Nach Wunsch die Zwiebelwürfel kurz andünsten. Die Basilikumblättchen waschen und in Streifen schneiden. Die vorbereiteten Zutaten mit Olivenöl und Aceto balsamico vermengen und mit Salz und Pfeffer würzen. In eine luftdichte Transportbox füllen.

2 Die Weißbrotscheiben im Toaster oder im Backofengrill rösten, mit Salz und Pfeffer bestreuen. Dann verpacken.

Anrichten
In der Mittagspause die Röstbrote mit der Tomatenmischung belegen.

Für 1 Portion
~ 200 – 250 g aromatische Tomaten
~ 1 kleine Zwiebel
~ etwa 10 Basilikumblättchen
~ 2 EL Olivenöl
~ ½ TL Aceto balsamico (oder Crema di Balsamico)
~ Salz
~ schwarzer Pfeffer
~ 4 kleine Scheiben italienisches Weißbrot

Pro Portion
~ 7 g E * 22 g F * 36 g KH
~ 380 kcal

OLIVEN-TOMATEN-SALAT

30 Minuten
1 Transportbehälter, 1 kleines Schraubglas

1 Die Oliven entsteinen und in Streifen schneiden. Die Zwiebel schälen, halbieren und in Streifen schneiden. Die Tomaten waschen, Stielansätze entfernen, halbieren und in schmale Scheiben schneiden.

2 Den Koriander waschen, trocken schütteln, abzupfen und fein hacken. Mit den Tomaten, den Zwiebelstreifen und den Oliven locker vermengen und in einen Behälter geben. Mit Salz und Pfeffer würzen. Für das Dressing alle Zutaten in das Schraubglas füllen, verschließen und schütteln.

Anrichten
Das Dressing nochmals schütteln und über den Salat gießen. Alles locker vermengen und auf Teller verteilen.

Für 4 Portionen
~ 200 g schwarze Kalamata-Oliven
~ 1 große rote Zwiebel
~ 800 g aromatische Fleischtomaten
~ 1 kleines Bund Koriander (oder Petersilie)
~ Salz, schwarzer Pfeffer aus der Mühle
~ Saft von 1 Zitrone
~ 1 EL Zucker
~ 1 Prise Kurkuma
~ 1 TL gemahlener Kreuzkümmel
~ 100 ml Olivenöl

Pro Portion
~ 3 g E * 30 g F * 13 g KH
~ 342 kcal

Für 4 Portionen

~ 250 g gekochter Langkornreis mit Wildreis (180 g roh)
~ 1 kleines Bund Petersilie
~ 1 kleiner Chinakohl
~ 250 g frische Sojasprossen
~ 100 g ungesalzene Erdnüsse
~ 200 g saure Sahne
~ Saft von 1 Orange
~ Salz, schwarzer Pfeffer aus
   der Mühle, Cayennepfeffer
~ 1 Prise Zucker
~ 250 g rote Johannisbeeren

Pro Portion

~ 12 g E * 22 g F * 28 g KH
~ 375 kcal

REIS-JOHANNISBEER-SALAT MIT ERDNÜSSEN

30 Minuten
1 Transportbehälter

1 Eventuell den Reis kochen. Die Petersilie fein hacken. Den Chinakohl putzen, die Blätter quer in Streifen schneiden. Die Sprossen waschen und in einem Sieb abtropfen lassen.

2 Die Erdnüsse in ein Küchentuch gewickelt mit dem Fleischklopfer zerkleinern. Mit der sauren Sahne und dem Orangensaft verrühren. Mit Salz, Pfeffer, Cayennepfeffer und Zucker würzen. Die Johannisbeeren abzupfen und waschen. In einer Transportbox alle Zutaten locker vermengen.

Perfekt für Party & Schule

Für 4 Portionen

~ 1 Zwiebel
~ 100 g Rosinen
~ 4 EL Pflanzenöl
~ 250 g Langkornreis
~ 50 g Mandelstifte
~ Salz, schwarzer Pfeffer aus
   der Mühle
~ 1 EL Harissa
~ ¼ TL gemahlener Zimt
~ 600 ml Gemüsebrühe
~ 8 getrocknete süße Datteln

Pro Portion

~ 8 g E * 17 g F * 81 g KH
~ 523 kcal

ROSINEN-REIS-SALAT MIT DATTELN

35 Minuten
1 Transportbehälter

1 Die Zwiebel schälen und fein würfeln. Die Rosinen mit etwa 50 ml heißem Wasser begießen. Das Pflanzenöl in einem breiten Topf erhitzen und darin die Zwiebelwürfel andünsten. Den Reis sowie die Mandeln etwa 2 Minuten mit braten. Mit Salz, Pfeffer, Harissa und Zimt würzen.

2 Den Topfinhalt mit Gemüsebrühe aufgießen, aufkochen lassen und den Reis bei mittlerer Hitze zugedeckt in etwa 20 Minuten garen. Kurz bevor keine Flüssigkeit mehr im Topf ist, die Rosinen unterheben.

3 Die Datteln in Streifen schneiden und dabei die Kerne entfernen. Den Rosinenreis nochmals abschmecken und die Dattelstreifen unterheben. Den Reis in eine Schüssel füllen und abkühlen lassen.

SPARGELSALAT MIT SCHINKEN-GRISSINI

30 Minuten + ca. 2 Stunden abkühlen
1 Transportbehälter

1 Den Spargel schälen, die Enden etwa 1 cm abschneiden, die Stangen quer in etwa 3 cm Stücke schneiden. In Salzwasser mit Butter, Zucker und Zitronensaft 12 bis 15 Minuten garen.

2 Währenddessen Basilikum waschen, trocken schwenken, die Blättchen abzupfen und in Streifen schneiden. Aus Obstessig, Apfeldicksaft, Walnussöl und 3 EL Spargelwasser eine Salatsauce rühren. Mit Salz und Pfeffer würzen.

3 Die Spargelstücke abgießen, noch warm mit der Marinade und den Basilikumstreifen locker vermengen. Abkühlen lassen, erst dann die Transportbox verschließen. Grissinistangen und Schinken in der Originalverpackung mitnehmen.

Anrichten
Den Spargelsalat vermengen und auf Teller verteilen. Die Grissinistangen mit je einer Scheibe Schinken umwickeln.

Für 4 Portionen
~ 2 kg weißer Spargel
~ 1 TL Butter
~ 1 Prise Zucker
~ 1 Spritzer Zitronensaft
~ 1 Bund Basilikum
~ 3 EL Obstessig
~ 2 EL Apfeldicksaft
~ 3 EL Walnussöl
~ Salz, schwarzer Pfeffer aus der Mühle
~ 1 Packung Grissini
~ 200 g hauchdünn geschnittene Schinkenscheiben (z. B. Parma oder Serrano)

Pro Portion
~ 23 g E * 22 g F * 22 g KH
~ 389 kcal

SAUERKRAUTSALAT MIT TRAUBEN

20 Minuten
1 Transportbehälter, 1 kleines Schraubglas

1 Das Sauerkraut ausdrücken, abtropfen lassen und mit einem Messer mehrmals durchschneiden.

2 Die Weintrauben entstielen, waschen, halbieren und entkernen. Den Apfel schälen, entkernen und fein reiben. Die Zwiebel schälen, halbieren und in feine Streifen schneiden.

3 Alle vorbereiteten Zutaten mit Maiskeimöl vermischen. Mit Kräutersalz und Pfeffer, nach Belieben mit Kümmel würzen. Salat in den Transportbehälter geben. Gehackte Petersilie im Schraubglas transportieren. Die gehackte Petersilie vor dem Servieren auf dem Salat verteilen.

Für 4 Portionen
~ 500 g rohes Sauerkraut
~ 250 g süße helle und blaue Weintrauben
~ 1 großer säuerlicher Apfel
~ 1 kleine Zwiebel
~ 3 EL Maiskeimöl (oder anderes Pflanzenöl)
~ Kräutersalz, schwarzer Pfeffer aus der Mühle
~ nach Belieben: gemahlener Kümmel, Petersilie

Pro Portion
~ 2 g E * 8 g F * 19 g KH
~ 166 kcal

Perfekt für Ausflug & Picknick

ZUCCHINI-DATTEL-SALAT MIT ZIMT

35 Minuten
1 Transportbehälter

Für 4 Portionen

~ 50 g Rosinen
~ Saft von 1 Orange
~ 50 g Pinienkerne
~ 1 kleines Bund Dill
~ 8 getrocknete Datteln
~ 1 kg Zucchini
~ 1 große rote Zwiebel
~ 100 ml Olivenöl
~ 1 TL zerstoßene Korianderkörner
~ Salz, schwarzer Pfeffer aus
  der Mühle
~ Saft von 1 Zitrone
~ 2 EL Sherryessig
~ 2 EL brauner Zucker
~ ½ TL gemahlener Zimt
~ außerdem: 1 Fladenbrot

Pro Portion

~ 16 g E * 33 g F * 93 g KH
~ 750 kcal

1 Die Rosinen in einer kleinen Schüssel mit Orangensaft beträufeln. Die Pinienkerne in einer beschichteten Pfanne ohne Fett 1 bis 2 Minuten rösten, bis sie duften. Den Dill waschen, trocken schütteln, abzupfen und fein hacken. Die Datteln entkernen und in Streifen schneiden.

2 Die Zucchini waschen, Stielansätze entfernen, dann zuerst in längliche Scheiben und diese quer in schmale Streifen schneiden. Die Zwiebel schälen, halbieren und in dünne Streifen schneiden. Das Olivenöl in einer größeren Pfanne mit hohem Rand erhitzen und darin die Zwiebelstreifen 2 bis 3 Minuten andünsten.

3 Die Zucchinistreifen einstreuen und diese etwa 5 Minuten braten. Alles mit Koriander, Salz und Pfeffer würzen. Zitronensaft mit Sherryessig, braunem Zucker und Zimt verrühren und unter den Pfanneninhalt mischen. Eventuell nochmals abschmecken.

4 Die Pfanne vom Herd ziehen und Rosinen, Pinienkerne, Datteln und Dill unterrühren. Bei Zimmertemperatur abkühlen lassen, in den Transportbehälter füllen und verschließen. Bis zum Transport in den Kühlschrank stellen.

Anrichten
Den Salat nochmals durchmischen und auf Teller verteilen. Das Fladenbrot in Stücke schneiden oder reißen und dazu servieren.

MÖHRENSALAT MIT ORANGENDRESSING

40 Minuten + ca. 2 Stunden kühlen
2 Transportbehälter

1 Die Möhren geschält in dünne Scheiben schneiden. Die Knoblauchzehen schälen und fein hacken. Den Knoblauch in heißem Öl 1 Minute andünsten. Die Möhrenscheiben hinzufügen, mit Salz würzen und kurz andünsten.

2 Die Möhren mit Gemüsebrühe begießen, aufkochen lassen und bei kleiner Hitze weitere 5 Minuten garen. In der Zwischenzeit die Chilis putzen, längs aufschlitzen und zu den Möhren einlegen. Bis zuletzt mitgaren, je nach gewünschtem Schärfegrad vor dem Transport oder Verzehr entfernen.

3 Das Möhrengemüse mit Kreuzkümmel und Pfeffer würzen. Das Gemüse vollständig abkühlen lassen. Die Petersilie waschen, trocken schütteln, die Blättchen abzupfen und fein hacken.

4 Eine Orange auspressen und den Saft mit der Petersilie verrühren. Das Dressing unter das erkaltete Gemüse rühren. Die zweite Orange schälen und in Filets zerteilen. Salat und Orangen in separate Behälter füllen, verschließen und den Salat vor dem Transport im Kühlschrank gut durch kühlen lassen.

Anrichten
Das Gemüse nochmals gut durchmischen und nach Belieben mit frisch geschnittenen Orangenspalten garnieren.

Für 4 Portionen
~ 1 kg Möhren
~ 3 Knoblauchzehen
~ 3 EL Olivenöl
~ Salz
~ 500 ml Gemüsebrühe
~ je 1 grüne und rote kleine Chilischote
~ 1 TL Kreuzkümmel (ganz)
~ schwarzer Pfeffer aus der Mühle
~ 1 kleines Bund Petersilie
~ 2 Orangen

Pro Portion
~ 2 g E * 6 g F * 14 g KH
~ 123 kcal

BULGURSALAT MIT APRIKOSEN UND MINZE

Perfekt für Party & Schule

30 Minuten
1 Transportbehälter

1 Den Bulgur nach Packungsangaben zubereiten oder in eine Schüssel rieseln und mit knapp 250 ml siedend heißem Salzwasser begießen. Etwa 6 bis 7 Minuten ziehen lassen und dann die Margarine oder das Olivenöl unterrühren.

2 Die Minze waschen, trocken schwenken, die Blättchen abzupfen und in Streifen schneiden. Die Tomaten waschen, vierteln, entkernen und in Würfel schneiden. Die Aprikosen waschen, halbieren, entsteinen und in kleine Stücke schneiden. Die grünen Oliven entsteinen und in Streifen schneiden.

3 Den Bulgur mit den vorbereiteten Zutaten wie Minze, Tomaten, Aprikosen und Oliven vermengen. Mit Zitronensaft, etwas Zitronenabrieb sowie mit Olivenöl vermengen und mit Salz und Pfeffer würzen. In den Transportbehälter füllen, verschließen und bis zum Transport im Kühlschrank aufbewahren.

Anrichten
Den Salat nochmals locker durchmischen.

Für 4 Portionen
~ 250 g Bulgur
~ Salz
~ 1 EL Margarine (oder Olivenöl)
~ 1 kleines Bund Minze
~ 250 g Tomaten
~ 250 g süße kleine Aprikosen
~ 150 g grüne Oliven
~ Saft und etwas abgeriebene Schale von 1 Bio-Zitrone
~ 5 EL Olivenöl
~ Salz, schwarzer Pfeffer aus der Mühle

Pro Portion
~ 7 g E * 21 g F * 50 g KH
~ 435 kcal

Für 4 Portionen

~ 4 Orangen

~ 1 Fenchelknolle

~ ca. 4 cm frische Ingwerwurzel

~ 6 EL Olivenöl

~ 1 TL Honig

~ Salz, schwarzer Pfeffer aus
  der Mühle

~ Rosenpaprikapulver

~ 200 g grüne Oliven

Pro Portion

~ 3 g E * 22 g F * 17 g KH

~ 290 kcal

ORANGEN-FENCHEL-SALAT

30 Minuten
2 Transportbehälter (mittelgroß, klein), 1 kleines Schraubglas

1 Die Orangen so schälen, dass auch die weiße Haut entfernt wird. Mit einem scharfen Messer zwischen den Hautsegmenten Orangenfilets herausschneiden. Übriges Fruchtfleisch zu Saft ausdrücken und mit den Orangenfilets vermengen.

2 Die Fenchelknolle putzen, vierteln, entstrunken, in Streifen schneiden, waschen, abtropfen lassen und unter die Orangenfilets mengen. Beides in einem Transportbehälter verschließen.

3 Die Ingwerwurzel schälen und auf einer Küchenreibe fein reiben. Zusammen mit Olivenöl und Honig verrühren. Mit Salz, Pfeffer und Rosenpaprika würzen und in einem Schraubglas verschließen. Die Oliven in einen separaten kleinen Transportbehälter füllen.

Anrichten
Fenchel und Orangenfilets mit Ingwerdressing übergießen, Oliven dazugeben und alle Zutaten locker vermengen.

Für 4 Portionen

~ 1 mittelgroße Ananas
  (saftig und süß)

~ 2 Zwiebeln

~ 1 kleines Bund Koriander-
  grün (oder Petersilie)

~ 150 g saure Sahne (oder
  Vollmilchjoghurt)

~ 1 TL Currypulver (mild oder
  kräftig)

~ Salz, schwarzer Pfeffer aus
  der Mühle, Cayennepfeffer

~ außerdem: 100 g Kokos-
  nussraspeln

Pro Portion

~ 4 g E * 23 g F * 22 g KH

~ 316 kcal

ANANASSALAT MIT KORIANDER

30 Minuten + 1 Stunde marinieren
1 Transportbehälter, Alufolie

1 Die Ananas schälen, längs vierteln und den Strunk entfernen. Das Fruchtfleisch in kleine Ecken schneiden. Die Zwiebeln schälen, halbieren und in feine Streifen schneiden.

2 Den Koriander waschen, trocken schwenken, von den Stielen zupfen und fein hacken. Die saure Sahne mit Koriander und Currypulver verrühren. Mit Salz, Pfeffer und Cayennepfeffer abschmecken.

3 Alle vorbereiteten Zutaten in dem Transportbehälter locker vermengen, abdecken und für 1 Stunde im Kühlschrank ziehen lassen. Kokosnussraspeln in Alufolie einschlagen.

GESCHMORTER TOMATEN-ZUCKERSCHOTEN-SALAT

45 Minuten + ca. 2 Stunden abkühlen
1 Transportbehälter

1 Die Strauchtomaten waschen und vierteln. Die Zuckerschoten waschen, schräg in 2 bis 3 cm große Stücke schneiden und in siedend heißes Salzwasser legen. Etwa 2 Minuten kochen, für weicheren Genuss 3 bis 4 Minuten. Dann abgießen, mit kaltem Wasser abschrecken und abtropfen lassen.

2 Die Zwiebel sowie die Knoblauchzehen schälen und fein würfeln. In heißem Olivenöl, zusammen mit Piment- und Korianderkörnern 1 bis 2 Minuten andünsten. Die Tomatenviertel hinzufügen und alles insgesamt 10 Minuten garen lassen. Mit Salz, Pfeffer und Oregano würzen und mit Rotwein oder Brühe beträufeln. Den Pfanneninhalt vollständig abkühlen lassen. Die Zuckerschotenstücke mit den Tomaten locker vermengen und in einem Transportbehälter verschließen.

Tipp
Anstatt Zuckerschoten können Sie auch frische grüne Bohnen verwenden.

Für 4 Portionen

~ 500 g Strauchtomaten
~ 500 g Zuckerschoten
~ Salz
~ 1 kleine Zwiebel
~ 2 Knoblauchzehen
~ 5 EL Olivenöl
~ 1 TL zerstoßene Piment-
  körner
~ 1 TL gemahlene Korianderkörner
~ Salz, schwarzer Pfeffer aus
  der Mühle
~ 1 TL getrockneter Oregano
~ 3 – 4 EL Rotwein
  (oder Brühe)

Pro Portion

~ 3 g E * 13 g F * 9 g KH
~ 170 kcal

REIS-ANANAS-SALAT MIT HÜHNERBEINEN

Perfekt für Arbeit & Picknick

90 Minuten + ca. 2 Stunden abkühlen
2 Transportbehälter

1 Die Hühnerschenkel waschen, mit Küchenpapier trocken reiben und mit Salz, Pfeffer und Rosenpaprika würzen. Die Zwiebel und die Knoblauchzehen schälen und fein hacken. Die Paprikaschoten waschen, halbieren, entkernen, Stielansätze entfernen und in etwa 1 cm große Stücke schneiden.

2 Den Backofen auf 200 °C (Umluft 180 °C) vorheizen. In einem Bräter auf der Herdplatte 2 EL Olivenöl erhitzen und darin die Hühnerschenkel in etwa 5 Minuten rundherum anbraten. Herausnehmen und auf einen Teller legen.

3 Restliches Olivenöl in den Bräter gießen und darin Zwiebel- und Knoblauchwürfel andünsten. Die Chilischote zerbröseln und mit dem Reis einrühren. Dann die Paprikastücke hinzufügen und alles mit Salz, Pfeffer sowie mit Safran würzen. Mit Brühe aufgießen und aufkochen lassen.

4 Die Hühnerschenkel sowie die Ananasstücke mit etwas Saft unter die „Reissuppe" mischen. Den Bräter in den vorgeheizten Backofen stellen und die Reismischung in etwa 40 Minuten garen. Die Hühnerschenkel aus dem Reis nehmen, beides separat in Transportbehälter geben und unverschlossen bei Zimmertemperatur abkühlen lassen.

Anrichten
Den Reissalat mit Hühnerbeinen können Sie kalt genießen oder Sie erwärmen ihn nochmals im Backofen, falls vorhanden. Den Reissalat durchmischen, auf Teller verteilen und jeweils einen Hühnerschenkel dazulegen.

Tipp
Sie können den Reis mit Hühnerschenkeln, abgekühlt im Bräter, einfach mit Alufolie verschließen und mitnehmen.

Für 4 Portionen
- ~ 4 Hühnerschenkel
- ~ Salz, schwarzer Pfeffer aus der Mühle
- ~ Rosenpaprika
- ~ 1 große Zwiebel
- ~ 2 Knoblauchzehen
- ~ 2 rote Paprikaschoten
- ~ 4 EL Olivenöl
- ~ 1 getrocknete Chilischote
- ~ 300 g Langkornreis
- ~ 1 Döschen gemahlener Safran
- ~ 1 l Fleisch- oder Gemüsebrühe
- ~ 1 kleine Dose Ananasecken (Abtropfgewicht 150 g)

Pro Portion
- ~ 37 g E * 25 g F * 69 g KH
- ~ 657 kcal

LIBANESISCHER BROTSALAT „FATTOUSH"

25 Minuten
1 Papiertüte, 1 kleines Schraubglas, 1 Transportbehälter

Für 8 Portionen

~ 500 g Pita-Brot
  (1–2 Tage alt)
~ 2 EL Olivenöl
~ 1 Bund Frühlingszwiebeln
~ 1 große Salatgurke
~ 1 mittlere Zucchini
~ 2 grüne Paprikaschoten
~ 250 g Eiertomaten

Für die Salatsauce

~ ½ Bund Petersilie
~ 1 kleines Bund Koriander
~ 2 Knoblauchzehen
~ 100 ml Olivenöl
~ Saft von 2 Zitronen
~ Salz
~ schwarzer Pfeffer aus der
  Mühle

Pro Portion

~ 7 g E * 16 g F * 36 g KH
~ 322 kcal

1 Das Pita-Brot in gleich große mundgerechte Stücke schneiden. Das Olivenöl in einer beschichteten Pfanne erhitzen und darin die Brotstücke von allen Seiten 2 bis 3 Minuten rösten. In der Pfanne abkühlen lassen und anschließend in einer Papiertüte verstauen.

2 Für den Salat die Frühlingszwiebeln putzen und fein hacken. Sämtliches Gemüse waschen. Die Salatgurke längs halbieren und quer in dünne Streifen schneiden. Zucchini längs vierteln und quer in dünne Stücke schneiden.
Die Paprikaschoten waschen, halbieren, entkernen sowie Stielansätze entfernen und in kleine Würfel schneiden. Die Tomaten vierteln, entkernen und klein würfeln. Alle Salatzutaten in einem Transportbehälter luftdicht verpacken.

3 Für die Salatsauce Petersilie und Koriander waschen, trocken schwenken, die Blättchen abzupfen und fein hacken. Die Knoblauchzehen schälen und durch die Knoblauchpresse in das Olivenöl pressen. Die Kräuter sowie den Zitronensaft unterrühren. Mit Salz und Pfeffer würzen. Die Sauce zum Transport in das Schraubglas geben.

Anrichten
Die Salatzutaten mit den Brotwürfeln locker vermengen.
Die Salatsauce darüberträufeln und nochmals durchmischen.

LUNCHBOXEN FÜR KINDER

Kinder und Eltern haben oft unterschiedliche Vorstellungen von einem guten Pausenessen. Für die Eltern steht meist die gesunde Ernährung im Mittelpunkt. Wenn Kinder ihre eigene Pausenbox bestücken dürften, bestünden sie vermutlich aus Schokoriegel, Knabberzeug, Cola und Co. Doch es gibt Tricks, Kinder für Gesundes zu begeistern: Auf die Optik kommt es an!

Das richtige Behältnis

Es fängt schon mit der Wahl der Brotdose an. Gefällt die Box nicht, dann ist auch der Griff hinein nicht so prickelnd. Mag Ihr Kind Superhelden oder sind Pferde die Lieblingstiere, macht Batman oder ein Pony auf der Dose das Mittagessen direkt beliebter. Am besten zusammen mit dem Kind eine entsprechende Pausenbox auswählen. Grundsätzlich ist eine Box mit Kühlelement zu empfehlen, das hält den Pausensnack auch den Schultag über frisch.

Auch eine Trinkflasche ist wichtig – gerne passend im vom Kind ausgesuchten Design . Die Flasche darf nicht zu schwer sein, mit Inhalt muss sie noch leicht für das Kind zu tragen sein.

Getränke für die Pause

Als Getränk eignen sich am besten Schorlen. Sie bestehen zum Großteil aus Wasser, weshalb sie besonders kalorienarm sind, schmecken aber dennoch fruchtig-süß nach Apfel, Orange oder anderen Früchten. Milch ist kein geeignetes Getränk für die Trinkflasche, sie reagiert empfindlich bei zu hohen Temperaturen. Als Kalziumlieferant dient stattdessen auch Käse auf dem Brot.

Kraut und Rüben

Mundgerecht geschnittenes Gemüse und Obst kommt immer gut in der Pausenbox. Es ist schön bunt, leicht mit den Fingern zu essen und nicht zuletzt leistet es einen Beitrag zu einer gesunden Ernäh-

In Japan gibt es Meisterschaften für dekorierte Pausenboxen, die dort „Kyaraben" heißen.

rung. Je nach Saison und Region bieten sich verschiedene Sorten an. Variieren ist angesagt – und das ist meist genau das, was sich Kinder wünschen: Die Pausenbox zu öffnen und Abwechslung zu bekommen. Ist es heute ein Käsebrot, eine Banane und eine Möhre, so kann es morgen ein Schinkenbrot, ein Apfel und ein Joghurt sein. Die Bestückung der Pausenboxen sollte allerdings in den Familien regelmäßig besprochen werden. Es hilft nichts, wenn die Pausenmahlzeit dem Geschmack des Kindes nicht zusagt – und sie nicht gegessen wird. In den einzelnen Rezeptkapiteln sind Gerichte, die für Kinder und als Pausensnack besonders geeignet sind, markiert.

Die Box wird zum Zoo oder Zirkus
Die Pausenbox wird geöffnet und kunterbunte, passend geschnittene Zutaten machen Appetit. Keine Langeweile mit nur einem faden Brot, sondern viele Kleinigkeiten, die auch noch gesund sind. Hier ein paar Ideen für die kreative Pausenbox:
~ Gemüsesticks aus Möhren, Zucchini und Sellerie schneiden
~ kleine Mozzarellakugeln mit Kirsch-

tomaten vermengen und mit bunten Partysticks dekorieren
~ Obst waschen, je nach Sorte schneiden und zu bunten Spießen aufstecken, beispielsweise Melonenkugeln ausstechen.
~ einzelne Weintrauben mit Apfel- oder Kiwibissen vermischen
~ Datteln und Rosinen mitgeben, auch Mandeln, Haselnüsse, Walnüsse oder Cashews dazulegen
~ Quark und Frischkäse mit Kräutern vermischt als Brotaufstriche verwenden
~ kleine Pizzen backen und darauf ein Gesicht aus Gemüse formen
~ einen Wrap mit Salat, Gemüse und Käse rollen, in Butterbrotpapier so verpacken, dass es wie eine an den Enden zugeschnürte Rolle aussieht

... und was die Kinder sicherlich noch mehr freut beim Öffnen der Pausenbox: eine bunte Serviette, ein Zettel mit geheimer Botschaft, ein bunter Strohhalm fürs Getränk, ein Gummibär – einfach eine liebevoll gestaltete Kleinigkeit, die noch mehr zum Essen animiert.

Fisch & Meeresfrüchte

In diesem Kapitel werden Lachs, Garnelen, Thunfisch und andere Leckerbissen aus dem Meer gekocht, gebacken, gedünstet oder mariniert – und mit Gemüse, Kräutern, Salat oder Früchten für den Transport „schick" gemacht. Bei allen Fischsorten lohnt sich vor dem Einkauf der Blick in die Ratgeber von Greenpeace oder WWF. Diese geben Auskunft darüber, welche Sorten bedenkenfrei gekauft werden können.

ZUCCHINI-GARNELEN-RÖLLCHEN

30 Minuten + 1 Stunde marinieren
1 flacher Transportbehälter

1 Die Garnelen kalt waschen, trocken tupfen und mit Zitronensaft vermischen. Mit Folie abdecken und in den Kühlschrank stellen. Die Zucchini waschen, Stielansätze entfernen und in hauchdünne lange Scheiben schneiden – am besten mit der Schneidemaschine oder einem Sparschäler. Diese mit etwas Salz bestreuen, etwa 15 Minuten ziehen lassen, das durch das Salz entzogene Wasser abtupfen.

2 In der Zwischenzeit die Minze waschen, trocken schütteln, die Blättchen abzupfen und fein hacken. Zusammen mit Olivenöl verrühren und mit Salz und Pfeffer würzen.

3 Je ein bis zwei Zucchinischeiben mit einer Garnele aufrollen und mit einem Hölzchen fixieren bzw. zusammenstecken. Die fertigen Röllchen dicht nebeneinander in die Transportform legen und mit Minze-Olivenöl löffelweise überziehen. Die Form luftdicht verschließen, mindestens eine Stunde marinieren und bis zum Transport im Kühlschrank lagern. Crema di Balsamico in der Flasche mitnehmen.

Anrichten
Röllchen vor dem Servieren mit Crema di Balsamico fädenweise überziehen.

Für 20 Röllchen

~ 20 geschälte, gekochte Riesengarnelen
~ Saft von 1 Zitrone
~ 2 mittlere Zucchini
~ Salz
~ 1 kleines Bund Minze
~ 100 ml Olivenöl
~ schwarzer grob geschroteter Pfeffer
~ außerdem: 20 Hölzchen (Zahnstocher), 1 kleine Flasche Crema di Balsamico

Pro Stück

~ 4 g E * 5 g F * 1 g KH
~ 70 kcal

BRATPEPERONI MIT TUNA-DIP

20 Minuten
1 Transportbehälter, 1 Schraubglas

1 Die Bratpeperoni waschen und abtrocknen. Das Olivenöl in einer Pfanne erhitzen und darin die Peperoni von allen Seiten etwa 5 Minuten braten. Da das Öl etwas spritzen kann, am besten die Pfanne mit einem Deckel verschließen.

2 Die gebratenen Peperoni auf Küchenpapier abtropfen, entfetten und abkühlen lassen. Erst dann in den Transportbehälter geben, mit Meersalz bestreuen und verschließen.

3 Für den Dip die Petersilie waschen, trocken schütteln, die Blättchen abzupfen und fein hacken. Den Thunfisch abgießen und in eine Schüssel geben. Saure Sahne, Zitronensaft sowie Kapern hinzufügen und mit einem Mixstab pürieren. Den Dip mit Petersilie verrühren. Mit Salz, Pfeffer und Cayennepfeffer würzen und in das Schraubglas geben.

Für 4 Portionen

~ 400 g kleine Bratpeperoni
~ 3 EL Olivenöl
~ grobes Meersalz
~ 1 kleines Bund Petersilie
~ 1 Dose Thunfisch (im eigenen Saft, etwa 200 g)
~ 100 g saure Sahne
~ Saft von ½ Zitrone
~ 1 EL eingelegte Kapern
~ schwarzer Pfeffer aus der Mühle
~ 1 Prise Cayennepfeffer

Pro Portion

~ 11 g E * 12 g F * 4 g KH
~ 173 kcal

AVOCADODIP MIT RÄUCHERLACHS

30 Minuten
1 Transportbehälter mit Kühlelement

1 Den Räucherlachs fein hacken. Die Tomaten waschen und kreuzweise einschneiden, in kochendes Wasser legen. Sobald sich die Häute lösen, mit kaltem Wasser abschrecken. Enthäuten, halbieren, entkernen und in kleine Würfel schneiden.

2 Die Petersilie waschen, die Blättchen abzupfen und fein hacken. Die Avocados halbieren und entkernen. Das Fruchtfleisch mit einem Löffel herauslösen und mit Zitronensaft vermengen, mit einer Gabel zerdrücken oder pürieren.

3 Das Avocadomus mit Schmand verrühren. Petersilie, Räucherlachs und Tomaten unterrühren. Mit Salz, Pfeffer und Cayennepfeffer würzen und in die Plastikdose füllen.

Anrichten: Mit Chips oder Kräckern zum Dippen servieren.

Für 8 Portionen

~ 150 g geräucherte Lachsscheiben
~ 250 g Tomaten
~ 1 kleines Bund Petersilie
~ 250 g Schmand (oder saure Sahne)
~ 3 weiche reife Avocados
~ Saft von 1 Zitrone
~ Salz, schwarzer Pfeffer aus der Mühle
~ Cayennepfeffer
~ außerdem: 1 Tüte Tacochips oder Kräcker

Pro Portion (ohne Chips)

~ 6 g E * 16 g F * 4 g KH
~ 190 kcal

OREGANO-SCAMPI-LÖFFEL

20 Minuten
1 Transportbehälter

Für 8 Portionen

~ 8 geschälte Riesengarnelen
~ Salz, grob geschroteter
  schwarzer Pfeffer
~ 3 EL Weißwein
  (oder Zitronensaft)
~ 1 Bund Oregano
~ 2 Knoblauchzehen
~ 2 EL Pinienkerne
~ 6 EL Olivenöl

Pro Stück

~ 4 g E * 9 g F * 1 g KH
~ 110 kcal

1   Die Garnelen am Rücken entlang einschneiden, entdarmen, waschen und trocken tupfen. Mit Salz und Pfeffer würzen und mit Weißwein beträufeln. Den Oregano waschen, trocken schwenken, von den Stielen zupfen und fein hacken. Die Knoblauchzehen schälen und fein würfeln.

2   Die Pinienkerne fein hacken und mit Oregano, Knoblauch, 4 EL Olivenöl, Salz und Pfeffer in dem Transportbehälter verrühren. Die Garnelen im restlichen Öl auf jeder Seite 1 Minute braten.

3   Die Garnelen in das Kräuterbad geben. Einige Male durchschwenken und für den Transport verschließen.

Anrichten
Die Garnelen auf Porzellanlöffel oder kleine Schälchen verteilen, etwas von dem Kräuteröl darübergießen.

Perfekt
für Ausflug
& Arbeit

RÄUCHERFISCH IM BLÄTTERTEIG

40 Minuten
1 Transportbehälter

Für 4 Portionen (16 Stück)

~ 200 g geräuchertes Fischfilet ohne Haut (z. B. Lachs,
Forelle)

~ 100 g gekochtes Sauerkraut
(Fertigprodukt)

~ 1 Eigelb

~ 100 g saure Sahne

~ 1 EL Sahnemeerrettich

~ schwarzer Pfeffer aus der
Mühle

~ Cayennepfeffer

~ 4 Scheiben aufgetauter
Blätterteig (300 g)

~ Mehl für die Arbeitsfläche

~ 1 Eigelb und 1 TL flüssige
Butter zum Bestreichen

~ außerdem: Backpapier

Pro Portion

~ 17 g E * 33 g F * 30 g KH

~ 496 kcal

1 Die Räucherfischfilets in kleine Würfel schneiden.
Zusammen mit dem Sauerkraut, dem Eigelb, der sauren
Sahne sowie dem Sahnemeerrettich vermischen. Mit Pfeffer
und Cayennepfeffer würzen.

2 Die Blätterteigscheiben auf einer bemehlten Arbeitsfläche
dünn ausrollen und jeweils in 4 Dreiecke von etwa 10 cm Sei-
tenlänge schneiden. Den Backofen auf 200 °C (Umluft 180 °C)
vorheizen und ein Backblech mit Backpapier auslegen.

3 Jedes Blätterteigdreieck mittig mit 1 TL Füllung belegen.
Dann von der langen zur spitzen Seite hin aufrollen. Die gefüllten Blätterteigstücke auf das Backblech geben und mit
einer Mischung aus Eigelb und Butter bestreichen. Das Backblech in den vorgeheizten Backofen schieben und die gefüllten Blätterteigstücke in 10 bis 12 Minuten goldgelb backen.
Anschließend vollständig abkühlen lassen und erst dann in
einer Box zum Transport verschließen.

NIZZA-SALAT

40 Minuten
1 großer Transportbehälter

1 Die Kartoffeln waschen, in kochendem Salzwasser etwa 20 Minuten garen. In der Zwischenzeit die Prinzessbohnen putzen, waschen und in kochendes Salzwasser geben. 1 bis 2 Minuten kochen lassen, dann abgießen und mit kaltem Wasser abschrecken. Je nach Größe die Bohnen quer halbieren.

2 Die Eier in etwa 10 Minuten hart kochen, mit kaltem Wasser abschrecken und pellen. Die Oliven entsteinen und halbieren. Die Kirschtomaten waschen und vierteln. Die Paprikaschote waschen, halbieren, putzen und in kleine Würfel schneiden. Das Basilikum waschen, trocken schütteln, die Blättchen abzupfen und diese in Streifen schneiden.

3 Die Kartoffeln abgießen, kurz abkühlen lassen, schälen und in dünne Scheibchen oder kleine Stücke schneiden. Den Thunfisch abtropfen lassen, mit einer Gabel zerpflücken und mit den vorbereiteten Zutaten in einer Schüssel locker vermengen.

4 Die Sardellenfilets kalt abspülen, mit Küchenpapier trocken tupfen und sehr fein hacken. Zusammen mit Olivenöl und Sherryessig verrühren und über die Salatzutaten geben. Alles mit Salz und Pfeffer würzen und vorsichtig vermischen. Die Eier in Viertel schneiden und zuletzt unterheben. Die Schüssel mit einem Deckel verschließen und den Salat im Kühlschrank durchziehen lassen.

Tipp
Der Salat lässt sich hübsch in Einweckgläsern anrichten. Auch für den Transport von einzelnen Portionen für die Mittagspause eignen sich Einweckgläser.

Für 8 Portionen

~ 600 g kleine festkochende Kartoffeln
~ 200 g Prinzessbohnen
~ 2 Eier
~ 100 g grüne Oliven
~ 200 g Kirschtomaten
~ 1 rote Paprikaschote
~ 1 kleines Bund Basilikum
~ 1 Dose Thunfisch (im eigenen Saft, etwa 200 g)
~ 2 eingelegte Sardellenfilets
~ 4 EL Olivenöl
~ 2 EL Sherryessig
~ Salz, schwarzer Pfeffer aus der Mühle

Pro Portion

~ 9 g E * 8 g F * 12 g KH
~ 166 kcal

GRAPEFRUIT-GARNELEN IM AVOCADOTELLER

Perfekt für Party & Picknick

20 Minuten
Alufolie, 1 kleines Schraubglas

1 Die fertigen Garnelenspießchen oder die auf Holzspieße aufgezogenen Cocktailgarnelen in 2 EL heißem Olivenöl von allen Seiten 1 bis 2 Minuten braten. Aus der Pfanne nehmen, auf Küchenpapier entfetten und in Alufolie wickeln.

2 Eine Grapefruit halbieren und zu Saft pressen. Zusammen mit 4 EL Olivenöl sowie mit Honig verrühren und mit Salz und Pfeffer würzen. Die zweite Grapefruit so schälen, dass auch die weiße Haut entfernt wird. Das Fruchtfleisch in kleine Würfel schneiden und mit dem Dressing vermischen. In ein Schraubglas füllen und verschließen.

Anrichten
Die Avocados halbieren und die Steine entfernen (Tipp für saubere Hände beim Steinentfernen: um die Hand eine kleine Plastiktüte stülpen). Die Grapefruitmischung in die Avocadohälften verteilen und je 1 Garnelenspießchen in die gefüllten Avocadohälften stecken. Mit Picknicklöffeln servieren und damit das weiche Avocadofruchtfleisch herauslösen.

Tipp
Zusätzlich Mandelblättchen darüberstreuen. Bei Grapefruits kann man nicht immer sicher sein, dass sie so süß sind, wie man sie vielleicht beim letzten Mal bekommen hat. Geben Sie etwas mehr Honig hinzu, sollte das Dressing zu bitter werden.

Für 8 Portionen
~ 8 kleine aufgetaute TK-Kräuter-Garnelenspießchen (ersatzweise 200 g Cocktailgarnelen und 8 Holzspieße)
~ 6 EL Olivenöl
~ 2 süße, rosa Grapefruits
~ 1–2 EL Honig (oder Ahornsirup)
~ Salz, schwarzer Pfeffer aus der Mühle
~ 4 reife Avocados

Pro Portion
~ 6 g E * 17 g F * 7 g KH
~ 212 kcal

MARINIERTES FISCH-GEMÜSE „ESKOVITCH"

40 Minuten + 2 Stunden marinieren
1 Transportbehälter mit Kühlelement, 1 kleines Schraubglas

1 Die Fischfilets waschen und quer in 1 bis 2 cm breite Streifen schneiden. Mit Zitronensaft beträufeln und salzen. Die Zwiebeln sowie die Möhren schälen. Die Paprikaschoten waschen, vierteln, Stiel, Kerne und Trennwände entfernen. Alles Gemüse in dünne Streifen schneiden. Die Chilischote putzen und fein hacken.

2 Das Gemüse in 4 EL erhitztem Olivenöl unter Schwenken mit Zucker 5 Minuten andünsten. Mit den Gewürzen kräftig abschmecken, Lorbeerblätter und Rum einrühren. Die Gemüsestreifen weitere 5 Minuten dünsten und mit Weißweinessig und etwa 50 ml Wasser ablöschen.

3 Die Fischstreifen in dem restlichen Olivenöl von allen Seiten 2 bis 3 Minuten braten. Einen Teil des Gemüses auf dem Boden einer Form verteilen. Darauf die Fischstreifen geben und mit restlichem Gemüse belegen.

4 Die Form mit Folie abdecken und für mindestens zwei Stunden in den Kühlschrank stellen. Dann das marinierte Fisch-Gemüse in den Behälter mit Kühlelement füllen und verschließen. Den Koriander waschen, trocken schütteln, abzupfen und fein hacken. Für den Transport in das Schraubglas füllen.

Anrichten
Das Fisch-Gemüse mit gehacktem Koriander bestreuen.

Für 4 Portionen

~ 800 g frisches Fischfilet (auch aufgetautes TK-Filet)
~ Saft von 1 Zitrone
~ Salz
~ 2 große Zwiebeln
~ 2 große Möhren
~ je 2 rote und 2 grüne Paprikaschoten
~ 1 kleine Chilischote
~ 6 EL Olivenöl
~ 1 TL brauner Zucker
~ je eine sehr kräftige Prise gemahlener Piment, Cayennepfeffer, Kardamom, Chilipulver und Muskatblüte (Macis)
~ 1 TL schwarze, zerstoßene Pfefferkörner
~ 2 Lorbeerblätter
~ 2 EL weißer Rum (oder Gemüsebrühe)
~ 4 EL Weißweinessig
~ 1 kleines Bund Koriander (oder Petersilie)

Pro Portion

~ 41 g E * 20 g F * 12 g KH
~ 416 kcal

Für 4 Portionen

~ 1 Zwiebel

~ 4 Knoblauchzehen

~ 1 kleine, rote Chilischote

~ 1 Bund Petersilie

~ 6 EL Olivenöl

~ 500 ml Gemüsebrühe

~ 500 g rohe Garnelen ohne
   Schale (auch TK)

~ Saft von 1 Zitrone

~ Salz, schwarzer Pfeffer aus
   der Mühle

~ außerdem: 1 Baguette

Pro Portion

~ 31 g E * 18 g F * 45 g KH

~ 478 kcal

CHILI-GARNELEN IM KRÄUTERBAD

30 Minuten + ca. 2 Stunden abkühlen
1 Transportbehälter

1 Zwiebel und Knoblauch schälen und fein würfeln. Die Chili längs halbieren, ohne Stiel entkernen und würfeln. Die Petersilie waschen, trocken schütteln, die Blättchen fein hacken.

2 Die Zwiebel-, Knoblauch- und Chiliwürfel in erhitztem Öl 2 bis 3 Minuten andünsten. Mit Gemüsebrühe aufgießen, aufkochen lassen, dann die Hitze reduzieren.

3 Die Garnelen mit Zitronensaft beträufeln, mit Salz und Pfeffer würzen, 3 bis 4 Minuten ziehen lassen. Zuletzt die Petersilie einrühren. Abgekühlt in den Behälter füllen.

Anrichten
Garnelen mit knusprigem Baguette servieren.

Für 1 Portion

~ 150 g frisches Lachsfilet
   am Stück

~ 1 TL Zitronensaft

~ Salz, schwarzer Pfeffer aus
   der Mühle

~ 1 EL Pflanzenöl

~ 1 kleine Fenchelknolle

~ 1 Handvoll frischer Spinat
   (etwa 100 g)

~ 100 g Naturjoghurt

~ 1 TL Tomatenmark

~ ½ TL TK-7-Kräuter-
   Mischung

Pro Portion

~ 39 g E * 31 g F * 12 g KH

~ 493 kcal

LAX-LUNCHBOX

15 Minuten
1 Transportbehälter, 1 kleines Schraubglas

1 Den Lachs mit Zitronensaft beträufeln, mit Salz und Pfeffer würzen. In heißem Öl beidseitig 2 bis 3 Minuten braten; die Pfanne beiseiteziehen und den Lachs nachziehen lassen.

2 Die Fenchelknolle ohne Strunk quer in dünne Streifen schneiden, waschen und mit Küchenpapier trocknen. Den Spinat waschen und gründlich abtropfen lassen.

3 Fenchel und Spinat in die Box geben. Den Lachs mit einer Gabel kleiner zupfen und darüber geben; die Box verschließen. Naturjoghurt mit Tomatenmark und Kräutern verrühren, mit Salz und Pfeffer würzen, in das Schraubglas geben.

GRAUPENGEMÜSE MIT LIMETTEN-LACHS

Perfekt für Arbeit & Party

45 Minuten
1 (Isolier-)Transportbehälter

1 Das Gemüse waschen. Die Möhre schälen, die Lauchstange putzen und beides klein würfeln. Die Butter in einem breiten Topf erhitzen und darin die Gemüsewürfel andünsten. Mit den Graupen unter Rühren einige Minuten dünsten, mit Gemüsebrühe ablöschen. Nach dem ersten Aufkochen die Hitze verringern, den Topf mit einem Deckel verschließen und die Graupen unter gelegentlichem Umrühren in etwa 30 Minuten garen.

2 In der Zwischenzeit das Lachsfilet unter fließend kaltem Wasser waschen, mit Küchenpapier trocken tupfen. Filet schräg in etwa 1 cm Streifen schneiden, mit Limettensaft beträufeln. Mit Salz und Pfeffer würzen.

3 Das Olivenöl in einer Pfanne erhitzen und darin die Fischstreifen von allen Seiten in 2 bis 3 Minuten braten. Die Pfanne eventuell mit einem Deckel verschließen, da es Fettspritzer geben kann. Herausnehmen und auf Küchenpapier legen. Die Graupen gut durchrühren, mit Kräutersalz und Pfeffer abschmecken, die gebratenen Fischstreifen untermischen.

Anrichten
Entweder das Gericht vollständig abkühlen lassen, transportieren und vor Ort (am selben Tag) nochmals erwärmen oder heiß in einen Thermobehälter füllen.

Tipp
Sie können die Lachsstreifen auch in den letzten Garminuten der Graupen untermischen. Das Fischfleisch braucht nur einige Minuten zum Garziehen. So sparen Sie Fett und haben etwas weniger Abwasch.

Für 4 Portionen
~ 1 Möhre
~ 1 Stange Lauch
~ 1 EL Butter
~ 300 g Graupen
~ 1 l Gemüsebrühe
~ 400 g aufgetautes TK-Lachsfilet
~ Saft von 1 Limette (oder Zitrone)
~ Salz, schwarzer Pfeffer aus der Mühle
~ 3 EL Olivenöl
~ Kräutersalz

Pro Portion
~ 29 g E * 23 g F * 57 g KH
~ 560 kcal

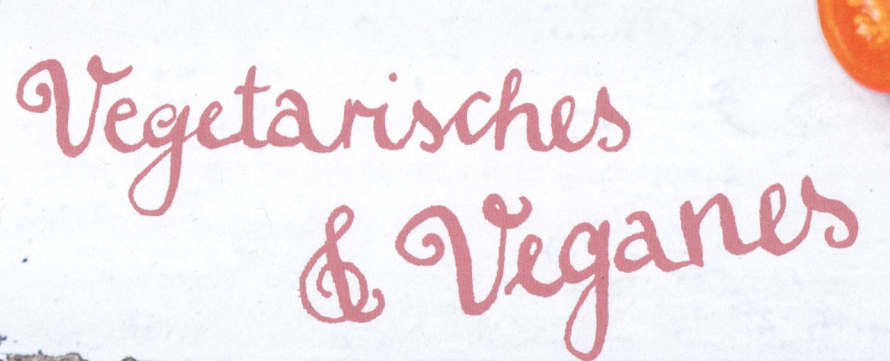

Vegetarisches & Veganes

In der bunten Gemüseabteilung gibt es viele leckere Rezepte, die eines gemeinsam haben: Sie können alle gut vorbereitet und ohne Qualitätseinbußen in den verschiedensten Behältern transportiert werden. Hier finden Sie für jede Situation das Richtige, ob gebackene Kuchen, Küchlein oder Muffins, raffinierte Gemüsemischungen, Überbackenes oder Frisches zum Dippen.

FLAMMKÜCHLEIN MIT DATTELTOMATEN

40 Minuten + 30 Minuten ruhen
1 Transportbehälter, Backpapier

1 Aus Mehl, Wasser, Olivenöl und Salz einen geschmeidigen Teig kneten. Diesen mit einem Tuch abdecken und für etwa 30 Minuten ruhen lassen.

2 In der Zwischenzeit die Zwiebel schälen, halbieren und in dünne Streifen schneiden. Die Datteltomaten waschen und halbieren. Den Backofen auf 220 °C (Umluft 200 °C) vorheizen und ein Backblech mit Backpapier auslegen.

3 Den Teig dünn ausrollen und mithilfe einer Kaffeetasse oder eines runden Ausstechers 12 Kreise von etwa 8 cm ausstechen. Diese auf das mit Backpapier ausgelegte Backblech legen und mit Schmand bestreichen. Zwiebelstreifen und Tomatenhälften darauf verteilen und alles mit Pfeffer würzen. Im Backofen in etwa 10 Minuten knusprig backen. Stapeln Sie die Küchlein in einer Transportbox, decken Sie dabei jede Schicht mit Backpapier ab.

Tipp
Variieren Sie mit saisonalem Gemüse, Käse oder auch mal Ananas.

Für 12 Küchlein

Für den Teig
~ 250 g Mehl
~ 100 ml lauwarmes Wasser
~ 1 EL Olivenöl
~ 1 TL Salz

Für den Belag
~ 1 Zwiebel
~ 200 g Datteltomaten
~ 50 g Schmand (oder saure Sahne)
~ schwarzer Pfeffer aus der Mühle
~ außerdem: Mehl für die Arbeitsfläche, Backpapier für das Backblech

Pro Stück
~ 2 g E * 2 g F * 17 g KH
~ 100 kcal

KLEINE SOMMERRÖLLCHEN

30 Minuten
1 Transportbehälter

1 Die Möhren schälen und in streichholzgroße Stifte schneiden. Die Mango schälen, das Fruchtfleisch vom Stein abschneiden und sehr klein würfeln.

2 Die Chinakohlblätter waschen, trocken schwenken und quer in dünne Streifen schneiden. Den Koriander waschen, trocken schwenken, abzupfen und fein hacken. Den Honig mit Sherryessig und Koriander verrühren, mit Salz und Pfeffer würzen. Mit Möhren, Mango und Chinakohl vermengen.

3 Die Reispapierblätter benetzen, sodass sie weich werden, dann auslegen. Die Füllung auf den Blättern verteilen. Die Seiten einschlagen und einrollen. Achtung, das Reispapier klebt recht schnell. Eventuell die Röllchen einzeln in Folie wickeln und in die Transportbox legen.

Für 1–2 Portionen
~ 2 kleine Möhren
~ 1 kleine saftige Mango
~ 150 g Chinakohl
~ 1 kleines Bund Koriander
~ 1 TL Honig
~ 1 EL Sherryessig
~ Salz, schwarzer Pfeffer aus der Mühle
~ 4–6 kleine Blätter Reispapier

Pro Portion (bei 2)
~ 2 g E * 1 g F * 27 g KH
~ 134 kcal

ZITRONIGER SPINAT-JOGHURT-DIP

20 Minuten
1 Transportbehälter mit Kühlakku

1 Den gewaschenen Spinat in kochendem Salzwasser kurz aufwallen lassen, in ein Sieb abgießen und mit kaltem Wasser abschrecken. Gründlich abtropfen lassen und mit den Händen ausdrücken. Dann etwas kleiner schneiden.

2 Senfsamen, Kreuzkümmel und Bockshornkleesamen in heißem Öl unter Rühren 2 bis 3 Minuten rösten. Kurz abkühlen lassen. Mit Joghurt und Spinat vermischen. Mit Salz, Pfeffer und Cayennepfeffer würzen.

3 Die Zitrone samt weißer Haut schälen und fein würfeln, unter den Spinat mischen. Abschmecken, für 1 Stunde zugedeckt in den Kühlschrank stellen. Zum Mitnehmen in einen Behälter mit Kühlakku geben. Das Baguette dazu servieren.

Für 4 Portionen
~ 1 kg frischer Baby-Blattspinat
~ Salz
~ 1 EL Pflanzenöl
~ je 1 TL schwarze Senfsamen, gemahlener Kreuzkümmel, Bockshornkleesamen
~ 250 g Vollmilchjoghurt
~ schwarzer Pfeffer aus der Mühle, Cayennepfeffer
~ ½ Zitrone
~ 1 Baguette

Pro Portion
~ 18 g E * 8 g F * 60 g KH
~ 400 kcal

KÖNIGINPASTETCHEN MIT GEMÜSECURRY

10 Minuten
2 Transportbehälter (evtl. davon 1 isoliert)

Für 1 Portion

~ 1 TL Currypaste
~ 1 TL Pflanzenöl
~ 150 ml Kokosnussmilch
~ 150 g Gemüsemischung
 (Erbsen, Karotten aus dem
 Glas oder 1 kleine Möhre
 und 100 g Zucchini,
 in Scheiben geschnitten)
~ 50 g Cocktailtomaten
~ Salz, schwarzer Pfeffer
 aus der Mühle
~ 2 fertige Königinpasteten
 (Blätterteigpasteten)

Pro Portion

~ 9 g E * 50 g F * 35 g KH
~ 642 kcal

1 Die Currypaste in heißem Pflanzenöl unter Rühren anbraten. Mit Kokosnussmilch aufgießen und 1 bis 2 Minuten leise kochen lassen.

2 Die Gemüsemischung oder das frische Gemüse einrühren und alles mit Salz und Pfeffer würzen. Die Cocktailtomaten waschen, vierteln oder halbieren und einrühren. Insgesamt etwa 5 Minuten leise kochen lassen. Nochmals abschmecken und in die Transportbox füllen. Die Königinpastetchen entweder in der Originalverpackung oder in einer Transportbox mitnehmen.

Anrichten
Das Curry entweder in der Mikrowelle am Arbeitsplatz erwärmen oder in einem Thermobehälter transportieren.
Die Pastetchen auf einem Teller platzieren und das warme Currygericht einfüllen.

Tipp
Sie können auch selbst aus Blätterteig Pastetchen formen:
1 Scheibe Blätterteig auftauen, in vier oder zwei Portionen schneiden, mit flüssiger Butter bepinseln und im Backofen bei 200 °C (auf einem mit Backpapier ausgelegten Backblech) etwa 15 Minuten knusprig backen. Abkühlen lassen und anschließend befüllen.

REISBÄLLCHEN „ONIGIRI"

Perfekt für die Schule

40 Minuten
1 Transportbehälter, 1 kleines Schraubglas

1   Den Reis in einem Sieb mit kaltem Wasser gründlich waschen und abtropfen lassen. In einen Topf geben und mit 400 ml kaltem Wasser begießen. Den Reis zum Kochen bringen und kurz bevor er aufkocht, die Hitze auf ein Minimum verringern.

2   Den Reistopf mit einem Deckel verschließen und bei geringster Hitze in 15 bis 20 Minuten quellen lassen, bis die Flüssigkeit ganz aufgesogen ist. Dann den Reis in eine Schüssel (kein Metall) umfüllen und diesen vorsichtig mit einem Holzlöffel wenden oder umpflügen, damit der Reis so schnell wie möglich abkühlen kann.

3   Die Hände mit kaltem Wasser befeuchten und aus dem Reis erst 8 bis 10 Bällchen, dann daraus Kegel formen (flache Unterseite, spitz nach oben hin zulaufend). Miso, Sake und Mirin verrühren. Eine beschichtete Pfanne ohne Fett erhitzen und darin die Reisportionen 1 bis 2 Minuten bei mittlerer Temperatur anbraten. Wenden und mit der Mischung bestreichen. Wiederum wenden, 1 Minute braten, wieder wenden und nochmals bestreichen.

4   Die gebratenen Onigiri auf Küchenpapier abkühlen lassen, einzeln in Frischhaltefolie wickeln und in die Transportbox füllen. Die Sesamsamen in einer beschichteten heißen Pfanne ohne Fett etwa 1 Minute rösten, bis sie duften. Auf einem Teller abkühlen lassen und in ein kleines Schraubglas füllen.

Anrichten
Die einzeln verpackten Onigiri auswickeln, mit Sesamsamen bestreuen und genießen.

Für 4 Portionen
~ 400 g Sushi-Reis
~ 3 TL Miso
~ 3 TL Sake
~ 3 TL Mirin
~ 50 g Sesamsamen

Pro Portion
~ 9 g E * 7 g F * 80 g KH
~ 430 kcal

DAL MIT GEWÜRZ-JOGHURT

30 Minuten
1 (Isolier-)Behälter, 1 kleiner verschließbarer Becher

Für 4 Portionen

Dal

~ 400 g rote Linsen
~ 2 Frühlingszwiebeln
~ 1 Knoblauchzehe
~ 1 getrocknete
  kleine Chilischote
~ 2 EL Pflanzenöl
~ 700 ml Gemüsebrühe
~ 1 Lorbeerblatt
~ 2 Gewürznelken
~ 200 ml Kokosnussmilch

Gewürzjoghurt

~ 1 kleines Bund Koriander
~ 150 g (Soja-)Joghurt
~ je 1 Prise Kardamom,
  Ingwer, Kreuzkümmel
  (jeweils gemahlen)
~ Salz, schwarzer Pfeffer aus
  der Mühle
~ Saft von ½ Zitrone
~ außerdem: 1 Fladen- oder
  Naanbrot

Pro Portion

~ 34 g E * 18 g F * 93 g KH
~ 684 kcal

1 Die Linsen unter fließend kaltem Wasser in einem Sieb waschen, abtropfen lassen. Die Frühlingszwiebeln putzen und in Ringe schneiden. Die Knoblauchzehe schälen und fein würfeln. Die Chilischote grob zerbröseln.

2 Das Pflanzenöl in einem Topf erhitzen, darin die Frühlingszwiebeln, den Knoblauch sowie die Chili kurz andünsten. Die Linsen hinzufügen, unter Rühren kurz mitdünsten und mit Gemüsebrühe aufgießen. Das Lorbeerblatt und die Gewürznelken einlegen, bei kleiner Hitze 15 Minuten offen köcheln lassen.

3 In der Zwischenzeit den Koriander waschen, trocken schütteln, die Blättchen abzupfen und fein hacken. Den Joghurt mit Kardamom, Ingwer, Kreuzkümmel, Salz, Pfeffer und Zitronensaft würzen. Den Koriander unterziehen.

4 Die Linsen sind fertig, wenn fast keine Flüssigkeit mehr vorhanden ist. Dann Lorbeerblatt und Gewürznelken entfernen, Kokosnussmilch einrühren und abschmecken.

Transport und Anrichten
Falls das Dal für die Arbeit vorgesehen ist, kann auf die Knoblauchzehe verzichtet werden. Das Linsengericht in der Mikrowelle erwärmen, falls es nicht im Thermobehälter transportiert wurde, und nach Belieben mit gekühltem Gewürzjoghurt überziehen. Das Fladen- oder Naanbrot dazu genießen.

SWISS-QUICHE MIT GEMÜSE

Perfekt für Picknick & Party

45 Minuten + 40 Minuten backen
Alufolie

1 Das Mehl mit 1 Prise Salz in einer Schüssel mischen. Zusammen mit den Butterstückchen, dem Ei sowie dem Wasser rasch einen glatten Teig kneten. Zu einer Kugel formen, in Klarsichtfolie hüllen und für 30 Minuten in den Kühlschrank geben.

2 In der Zwischenzeit das Gemüse waschen. Die Lauchstange längs halbieren, das dunkle Grün entfernen und wegwerfen, Lauch quer in dünne Streifen schneiden. Die Möhren, den Knollensellerie sowie den Kohlrabi schälen und in kleine Würfel schneiden. Die Butter in einer Pfanne erhitzen und darin das vorbereitete Gemüse unter Rühren 4 bis 5 Minuten dünsten. Eventuell 2 bis 3 EL Wasser hinzufügen. Mit Salz und Pfeffer würzen und die Pfanne vom Herd nehmen.

3 Den Backofen auf 220 °C (Umluft 200 °C) vorheizen und eine Springform mit Butter ausfetten. Den Mürbeteig auf einer bemehlten Arbeitsfläche ausrollen und die Springform damit bis zum Rand hoch auskleiden. Den Teigboden mit einer Gabel mehrmals einstechen, damit er beim Vorbacken nicht „hochgeht".

4 Die Springform in den vorgeheizten Backofen stellen und den Teigboden knappe 10 Minuten vorbacken. Dann die Form aus dem Backofen nehmen, einige Minuten abkühlen lassen und das Gemüse auf dem Teigboden verteilen. Den Käse gleichmäßig darüberstreuen.

5 Die Eier mit Sahne verquirlen und kräftig mit Salz, Pfeffer und Muskatnuss würzen. Vorsichtig über das Gemüse gießen und die Quiche in den Backofen stellen. In etwa 30 Minuten fertig backen und anschließend bei Zimmerwärme abkühlen lassen. Die kalte Swiss-Quiche mit Alufolie abgedeckt in der Springform transportieren.

Für 1 Springform (Ø 28 cm)

Für den Mürbeteig
~ 300 g Mehl
~ 1 Prise Salz
~ 150 g kalte Butterstückchen
~ 1 Ei
~ 5 EL kaltes Wasser
~ außerdem: Mehl, Butter

Für die Füllung
~ 1 kleine Stange Lauch
~ je 200 g Möhren, Knollensellerie, Kohlrabi
~ 1 EL Butter
~ Salz, schwarzer Pfeffer aus der Mühle
~ 100 g geriebener Emmentaler (oder anderen Käse)
~ 2 Eier
~ 200 g Sahne
~ frisch geriebene Muskatnuss

Pro Stück (bei 12)
~ 8 g E * 21 g F * 22 g KH
~ 315 kcal

GRÜNER GRILLSPARGEL MIT KÄSE-HONIG-SAUCE

Perfekt für die Grillparty

20 Minuten
Alufolie, 1 Schraubglas

1 Den Spargel putzen, dabei die Enden um etwa 1 cm kürzen, waschen, mit Salz und Pfeffer würzen und zu vier Portionen mit je 1 EL Olivenöl besprenkelt in Alufolie wickeln.

2 Die Kräuter waschen, trocken schütteln, die Blättchen abzupfen und fein hacken. Zusammen mit saurer Sahne, Zitronensaft und Honig verrühren. Mit Pfeffer würzen. Zuletzt den Käse unterziehen. Die Sauce in das Schraubglas geben. Kurz vor dem Transport den Eiswürfel in die Sauce legen.

Anrichten
Auf dem Grill in 8 bis 10 Minuten grillen.
Die Käsesauce kräftig durchrühren und dazu servieren.

Tipp
Kräuter und Eiswürfel lassen sich auch kombinieren: In einen Eiswürfelbehälter frisch gehackte Kräuter streuen und mit Wasser begießen. Einfrieren und die Eiswürfel portionsweise entnehmen.

Für 4 Portionen
~ 1 kg grüner Spargel
~ Salz, schwarzer Pfeffer aus der Mühle
~ 4 EL Olivenöl
~ 1 kleines Bund gemischte Kräuter
~ 200 g saure Sahne
~ Saft von ½ Zitrone
~ 1 EL Honig
~ 100 g frisch geriebener Parmesan
~ 1 Eiswürfel
~ außerdem: Alufolie

Pro Portion
~ 12 g E * 26 g F * 8 g KH
~ 327 kcal

KICHERERBSENBÄLLCHEN MIT INGWERDIP

40 Minuten + 1 Stunde kühlen
1 Transportbehälter
1 kleines Schraubglas oder Dressingbecher

Für 4 Portionen

Für die Bällchen

~ 150 g Pita-Brot (vom Vortag)
~ 2 Schalotten
~ 2 Knoblauchzehen
~ 1 kleines Bund Koriander
~ 1 kleine, rote Chilischote
~ 1 Dose gekochte Kicher-
  erbsen (ca. 250 g Abtropfgewicht)
~ Saft von 1 Zitrone
~ 1 TL Korianderkörner
~ 1 TL Kreuzkümmel
~ Salz, schwarzer Pfeffer aus
  der Mühle
~ zum Frittieren: 1 l Pflanzenöl

Für den Dip

~ ca. 4 cm Ingwerwurzel
~ Abrieb und Saft von 1 Bio-
  Limette
~ 100 ml Olivenöl
~ außerdem: Zahnstocher

Pro Portion

~ 8 g E * 42 g F * 32 g KH
~ 543 kcal

1 Das Pita-Brot in kleine Stücke reißen, mit 200 ml kaltem Wasser beträufeln und 10 Minuten einweichen lassen. Die Schalotten sowie die Knoblauchzehen schälen und in kleine Stücke schneiden. Den Koriander waschen, trocken schwenken und die Blättchen abzupfen. Die Chilischote waschen, Stielansatz und Kerne entfernen.

2 Die Kichererbsen abgießen und gründlich abtropfen lassen. Das Pita-Brot fest ausdrücken. Alle vorbereiteten Zutaten mit dem Zitronensaft sowie den Gewürzen in der Küchenmaschine oder mit dem Blitzhacker so pürieren, dass noch stückige Kichererbsen enthalten sind. Die Masse abdecken und für 1 Stunde kühl stellen.

3 Für den Dip die Ingwerwurzel schälen und auf einer Küchenreibe fein reiben. Zusammen mit dem Limettenabrieb und -saft sowie dem Olivenöl verrühren. In den Dressingbecher füllen.

4 Mit feuchten Händen aus dem Teig etwa 28 tischtennisballgroße Bällchen formen. Das Pflanzenöl auf 180 °C heiß siedend erhitzen und die Bällchen darin etwa 4 Minuten goldbraun und knusprig frittieren. Auf Küchenpapier entfetten und in den Transportbehälter geben.

Anrichten
Die frittierten Kichererbsenbällchen auf einem Teller anrichten. Den Dip im Becher nochmals durchschütteln und in Portionsschälchen gießen. Unterwegs kann direkt aus dem Becher gedippt werden. Jeder nimmt sich einen Zahnstocher zum Aufspießen der Bällchen.

GESCHMORTE TOMATEN MIT GORGONZOLA DOLCE

30 Minuten
1 flacher Transportbehälter

1 Den Backofen auf 200 °C (Umluft 180 °C) vorheizen und eine Auflaufform mit 1 EL Olivenöl auspinseln. Die Strauchtomaten waschen und auf Küchenpapier abtropfen lassen. Von jeder Tomate einen kleinen „Deckel" abschneiden und innen etwas aushöhlen.

2 Vom Gorgonzola dolce kleine Portionen abstechen und diese in die Tomaten stecken und eindrücken. Die gefüllten Tomaten in die Auflaufform setzen und alle mit etwas Olivenöl beträufeln. Mit etwas Pfeffer aus der Mühle bestäuben und nach Belieben mit Lavendelsalz würzen.

3 Die Auflaufform in den vorgeheizten Backofen schieben und die Strauchtomaten etwa 20 Minuten schmoren lassen. Anschließend in der Form bei Zimmertemperatur abkühlen lassen. Die geschmorten Tomaten in eine flache Plastikschale füllen, möglichst dicht nebeneinander.

Anrichten
Die geschmorten Käse-Tomaten schmecken kalt hervorragend. Sie können aber auch am Bestimmungsort im Backofen nochmals leicht erwärmt werden.

Tipp
Lavendelsalz können Sie auch selbst herstellen. Dafür einige Lavendelblüten trocknen lassen und in einem Schraubglas unter das Meersalz mischen. Etwa eine Woche an einem dunklen, kühlen Ort stehen lassen, dann die Blüten heraussieben.

Für 4 Portionen
~ 700 g mittelgroße Strauchtomaten (etwa 16 Stück)
~ 200 g Gorgonzola dolce
~ 2 EL Olivenöl
~ schwarzer Pfeffer aus der Mühle
~ nach Belieben: Lavendelsalz (siehe Tipp) oder Meersalz

Pro Portion
~ 11 g E * 20 g F * 4 g KH
~ 252 kcal

FOCACCIA MIT GETROCKNETEN TOMATEN

Perfekt für Ausflug & Party

30 Minuten + 1 Stunde ruhen
Alufolie oder 1 Transportbehälter

1 Die frische Hefe in eine Schüssel bröckeln und mit 250 ml lauwarmem Wasser verrühren. Das Mehl in eine große Schüssel sieben, in die Mitte eine Vertiefung drücken. Etwa die Hälfte der Hefe-Wasser-Mischung langsam einkneten, salzen, dann mit der restlichen Mischung fertig kneten.

2 Den Teig mit einem feuchten Tuch abdecken, etwa 30 Minuten ruhen lassen. Dann etwa 100 ml lauwarmes Wasser in den Teig einarbeiten. Mit Hartweizengrieß bestreuen, weitere 30 Minuten ruhen lassen.

3 Den Backofen auf 200 °C (Umluft 180 °C) vorheizen, ein Backblech mit dem Pflanzenöl begießen, sodass der Teig fast darin schwimmen kann. Den Teig mit den Fingerspitzen zu einem backblechgroßen Fladen formen, dabei kleine Mulden in den Teig drücken.

4 Die Tomaten klein schneiden und tropfnass mit Olivenöl in den Teigmulden verteilen. Das Backblech in den vorgeheizten Backofen schieben und die Focaccia in etwa 20 Minuten backen.

5 Die fertig gebackene, noch heiße Focaccia vom Backblech auf eine dicke Schicht Küchenpapier schieben und darauf abtropfen bzw. entfetten lassen. Die Focaccia je nach Belieben in kleine oder große Stücke schneiden. In Alufolie oder in den Transportbehälter verpacken.

Tipp
Das Backblech muss gut eingeölt sein, damit der Teig nicht anklebt. Gutes Focaccio darf nicht trocken sein, sondern ein bisschen „olivenölig" schmecken.

Für ein Backblech

~ ½ frischer Hefewürfel (etwa 20 g)
~ 500 g Mehl
~ 1 EL Salz
~ 1 – 2 EL Hartweizengrieß zum Bestreuen
~ 50 – 80 ml Pflanzenöl (Rapsöl oder Olivenöl)
~ 150 g getrocknete Tomaten in Olivenöl

Pro Scheibe (bei 10)

~ 5 g E * 8 g F * 38 g KH
~ 257 kcal

GESCHMORTE PAPRIKA MIT MANDELN

Perfekt für den Ausflug

30 Minuten
1 Transportbehälter

1 Die Mandelstifte in einer beschichteten heißen Pfanne ohne Fett 1 bis 2 Minuten rösten, bis sie duften.

2 Die Paprikaschoten waschen, Stielansätze entfernen, vierteln und entkernen. Die Paprikaviertel in heißem Öl 8 bis 10 Minuten braten. Mit Weißweinessig beträufeln und mit Zucker bestreuen.

3 Eventuell 2 bis 3 EL Wasser hinzufügen und den Pfanneninhalt bei kleiner Hitze weitere 10 Minuten dünsten. Mit Salz und Pfeffer würzen, die Mandelstifte unterziehen und die Pfanne vom Herd ziehen. Vollständig abkühlen lassen und in eine Transportbox füllen.

Für 4 Portionen

~ 100 g Mandelstifte
~ 1 kg rote Paprikaschoten
~ 50 ml Olivenöl
~ 2 EL Weißweinessig
~ 1 EL Zucker
~ Salz, schwarzer Pfeffer aus der Mühle

Pro Portion

~ 8 g E * 26 g F * 12 g KH
~ 318 kcal

MOZZARELLA-TOMATEN-MUFFINS

60 Minuten + 2 bis 3 Stunden kühlen
1 Transportbehälter

1 Den Backofen auf 200 °C (Umluft 180 °C) vorheizen. Je 2 Förmchen ineinanderstecken, mit Butter auspinseln. Die Tomaten waschen und vierteln. Basilikum waschen, trocken schütteln, die Blättchen fein hacken. Knoblauch schälen und hacken.

2 Den Mozzarella würfeln. Das Mehl mit Backpulver in einer Schüssel vermischen. Mit einem Mixer Eier, Olivenöl sowie Milch unterrühren. Kräftig mit Kräutersalz, Pfeffer und Cayennepfeffer würzen. Vorbereitete Zutaten unterrühren.

3 Den Teig in die Förmchen füllen und auf ein Backblech geben. 25 bis 30 Minuten backen. Die Muffins abkühlen lassen.

Für 14 Stück

~ 250 g Cocktailtomaten
~ 1 kleines Bund Basilikum
~ 2 Knoblauchzehen
~ 125 g Mozzarella
~ 250 g Mehl
~ 1 Päckchen Backpulver
~ 2 Eier
~ 1 EL Olivenöl
~ 250 ml Milch
~ Kräutersalz, schwarzer Pfeffer aus der Mühle
~ Cayennepfeffer
~ außerdem: 28 Muffinförmchen, 1 EL flüssige Butter

Pro Stück

~ 5 g E * 5 g F * 15 g KH
~ 126 kcal

KRÄCKER MIT BÄRLAUCH-PASTE

45 Minuten + 2 Stunden quellen und backen
1 Transportbehälter, 1 Schraubglas

**Für 1 Backblech
(etwa 40 Stück)**

Für die Kräcker

~ 150 g mittelfeine
  Haferflocken
~ 150 g Weizenschrot
  (Type 1700)
~ 1 TL Olivenöl für das
  Backblech
~ 100 g Sesamsamen
~ Salz

Für die Bärlauchpaste

~ 1 Bund frischer Bärlauch
~ 4 EL Olivenöl
~ 50 g frisch geriebener
  Parmesan
~ Salz, schwarzer Pfeffer aus
  der Mühle

Pro Stück

~ 1 g E * 3 g F * 5 g KH
~ 54 kcal

1 Haferflocken und Weizenschrot mit 400 ml Wasser gründlich verrühren. Den Teig mit einem Tuch abdecken und bei Zimmertemperatur 1 Stunde quellen lassen.

2 Den Backofen auf 180 °C (Umluft 160 °C) vorheizen und ein Backblech mit Olivenöl ausstreichen. Sesam und Salz in den Teig mischen. Die Teigmasse dünn auf das Backblech streichen.

3 Das Backblech auf die mittlere Schiene des Backofens schieben und den Kräckerteig in etwa 60 Minuten knusprig und goldbraun backen. Das Backblech nach 15-minütiger Backzeit aus dem Ofen nehmen und die Teigfläche mit einem scharfen Messer in etwa 3 cm x 7 cm lange Streifen schneiden. Die fertig gebackenen Kräcker aus dem Backofen nehmen, im Blech noch etwa 20 Minuten abkühlen lassen. Anschließend in Stücke brechen und in die Transportbox geben.

4 Den Bärlauch waschen, trocken schwenken und fein schneiden. Zusammen mit Olivenöl und Parmesan im Schraubglas vermengen und mit Salz und Pfeffer würzen.

Anrichten
Die Paste nochmals durchrühren oder im Glas kräftig schütteln. Die Paste mit einem Messer auf die Kräcker streichen oder einfach aufdippen.

OLIVENKUCHEN MIT GETROCKNETEN TOMATEN

Perfekt fürs Picknick

20 Minuten + 45 Minuten backen
Alufolie oder 1 Transportbehälter

1 Die Oliven halbieren. Die getrockneten Tomaten abtropfen lassen und klein würfeln. Den Backofen auf 200 °C (Umluft 180 °C) vorheizen und eine Kastenform mit Pflanzenöl auspinseln.

2 In einer Schüssel Mehl und Backpulver vermischen. Mit den Knethaken eines Handrührgerätes Eier mit Milch, Pflanzenöl, Salz und Cayennepfeffer verrühren und nach und nach die Mischung aus Mehl und Backpulver unterrühren.

3 Die Oliven sowie die Tomatenwürfel zuletzt unter den Teig mischen und alles in die Kastenform füllen. Den Kuchen auf die mittlere Schiene im vorgeheizten Backofen stellen und in etwa 45 Minuten backen. Herausnehmen und in der Form abkühlen lassen. Erst dann die Ränder mit einem spitzen Messer lösen und den Olivenkuchen stürzen. Vor dem Anschneiden vollständig auskühlen lassen. Zum Transport den Kuchen wieder in die Form geben und mit Alufolie verschließen oder in Stücken in einen Transportbehälter geben.

Anrichten
Der Olivenkuchen bleibt saftiger, wenn er erst kurz vor dem Verzehr in Schreiben geschnitten wird.

Für 1 Kastenform (26 cm Länge)
~ 1 Glas grüne Oliven mit Paprikafüllung (ca. 170 g Abtropfgewicht)
~ 50 g getrocknete, in Olivenöl eingelegte Tomaten
~ 200 g Mehl
~ 1 Päckchen Backpulver
~ 3 Eier
~ 100 ml Milch
~ 100 ml Pflanzenöl
~ Salz, Cayennepfeffer
~ 1 TL Pflanzenöl für die Form

Pro Scheibe (bei 12)
~ 4 g E * 12 g F * 13 g KH
~ 184 kcal

RATATOUILLE MIT ZIEGENKÄSE

Perfekt für Party & Picknick

40 Minuten + 35 Minuten backen
Alufolie oder 1 Transportbehälter

1 Die Aubergine waschen, den Stielansatz entfernen, vierteln und quer in 2 bis 3 mm dünne Scheibchen schneiden. In einer Schüssel mit Salz bestreuen und etwa 15 Minuten ziehen lassen. In der Zwischenzeit die Tomaten waschen und kreuzweise einschneiden. Die Zucchini waschen, Stielansätze entfernen und etwa in 5 mm dünne Scheiben schneiden.

2 Die Paprikaschoten waschen, halbieren, entkernen und Stielansätze entfernen, in etwa 1 cm Stücke schneiden. Die Knoblauchzehen schälen, durch eine Knoblauchpresse drücken, in einer kleinen Schale auffangen. Die Frühlingszwiebeln putzen und in Streifen schneiden.

3 Den Backofen auf 200 °C (Umluft 180 °C) vorheizen und eine Auflaufform mit etwas Olivenöl auspinseln. Die Auberginenscheiben mit Küchenpapier trocken tupfen und in einer Pfanne in etwas Olivenöl auf beiden Seiten 2 bis 3 Minuten braten.

4 Das vorbereitete Gemüse mit den gebratenen Auberginen in die Auflaufform füllen. Mit Salz, Pfeffer und Kräutern der Provence würzen. Restliches Olivenöl mit Knoblauch verrühren und über das Gemüse träufeln. Die Auflaufform in den vorgeheizten Backofen schieben und das Gemüse etwa 20 Minuten schmoren.

5 Den Ziegenkäse in kleinere Stücke schneiden, auf dem geschmorten Gemüse verteilen und für weitere 15 Minuten in den Backofen geben. Das Ratatouille vollständig in der Form abkühlen lassen, dann mit Alufolie fest verschließen oder die gewünschte Menge in einen Transportbehälter geben.

Anrichten
Entweder kalt mit Baguette genießen – oder auf der Arbeit in der Mikrowelle erwärmen.

**Für 4 Portionen/
1 Auflaufform**

~ 1 Aubergine
~ Salz
~ 250 g kleine Strauchtomaten
~ 500 g Zucchini
~ je 1 rote und 1 gelbe Paprikaschote
~ 4 Knoblauchzehen (optional)
~ 2 Frühlingszwiebeln
~ 100 ml Olivenöl
~ schwarzer Pfeffer aus der Mühle
~ 1 EL getrocknete Kräuter der Provence
~ 1 Rolle Ziegenfrischkäse (200 – 250 g)
~ außerdem: 1 Baguette

Pro Portion
~ 8 g E * 32 g F * 11 g KH
~ 372 kcal

CHAMPIGNONS GREEK STYLE

30 Minuten + 2 Stunden kühlen
1 Transportbehälter mit Kühlakku

Für 4 Portionen
~ 500 g kleine Champignons
~ 1 kleine Zwiebel
~ 2 Knoblauchzehen
~ 3 – 4 Thymianstiele
~ Saft von 1 Zitrone
~ ¼ l trockener Weißwein
   (oder Gemüsebrühe)
~ ¼ TL Zucker, Salz
~ 1 TL Korianderkörner
~ je ½ TL weiße Pfefferkörner
   und Fenchelsamen
~ 1 Lorbeerblatt
~ 100 ml Olivenöl
~ außerdem: 1 Fladenbrot

Pro Portion
~ 13 g E * 26 g F * 51 g KH
~ 517 kcal

1 Die Champignons putzen. Zwiebel und Knoblauch schälen und fein würfeln. Den Thymian waschen und mit Zitronensaft, Weißwein, Zucker, etwas Salz, Koriander- und Pfefferkörnern, Fenchelsamen sowie dem Lorbeerblatt in einem breiten Topf verrühren. Die Mischung aufkochen lassen, die Champignons hinzufügen und alles 4 bis 5 Minuten leise kochen lassen.

2 Den Topf vom Herd nehmen und das Olivenöl unterrühren. Die Champignons im Sud abkühlen lassen und in den Transportbehälter geben.

Anrichten
Zu den Champignons Fladenbrot reichen. Bei einer Party kann das Gericht in Gläschen serviert werden.

„OBATZDA" MIT RADIESCHEN

20 Minuten
2 kleinere Transportbehälter

Für 4 Portionen
~ 1 kleine Zwiebel
~ 1 kleines Bund Schnittlauch
~ 400 g reifer Camembert
~ 100 g zimmerwarme Butter
~ Salz, schwarzer Pfeffer aus
   der Mühle
~ edelsüßes Paprikapulver
~ 1–2 EL helles Bier
   (oder Milch)
~ 1 Bund Radieschen
~ außerdem: 1 Packung Salzstangen oder Salzbrezeln

Pro Portion
~ 25 g E * 43 g F * 30 g KH
~ 610 kcal

1 Die Zwiebel schälen, halbieren und fein würfeln. Den Schnittlauch waschen, trocken schütteln und klein schneiden. Den Camembert in Stücken mit einer Gabel fein zerdrücken. Die Butter hinzufügen. Alles von Hand cremig rühren.

2 Zwiebelwürfel und Schnittlauch unter die Käsecreme mischen. Mit Salz, Pfeffer und kräftig mit Paprikapulver würzen. Je nach gewünschter Cremigkeit etwas Bier oder Milch unterrühren. Die Käsecreme in eine Transportbox füllen, die Oberfläche mit etwas Paprikapulver bestäuben und dann verschließen. Die Radieschen putzen, waschen, mit Küchenpapier trocken reiben und in einer Box verschließen.

Anrichten
Die Käsecreme mit Salzstangen oder -brezeln aufdippen, die Radieschen dazu naschen.

SPINAT-SCHAFSKÄSE-KUCHEN MIT FILOTEIG

1 Stunde + 30 Minuten backen
Alufolie oder 1 Transportbehälter

Für 1 Backblech

~ 1 kg frischer Spinat
~ Salz
~ 4 Frühlingszwiebeln
~ 1 Bund glatte Petersilie
~ 6 – 7 Thymianstiele
~ 1 kleine rote Chilischote
~ 200 g Schafskäse
  (Hirtenkäse)
~ 2 Eier und 1 Eigelb
~ 1 TL getrockneter
  Anissamen
~ schwarzer Pfeffer aus der
  Mühle
~ 100 g Butter
~ 100 ml Milch
~ 1 Packung Filoteig (470 g,
  10 Blätter)

Pro Stück (bei 24)

~ 4 g E * 9 g F * 9 g KH
~ 138 kcal

1 Den Spinat verlesen, gründlich waschen und in kochendes Salzwasser legen. Einmal aufkochen lassen, in ein Sieb gießen und mit kaltem Wasser abschrecken. Abtropfen lassen, mit den Händen ausdrücken, anschließend klein hacken.

2 Die Frühlingszwiebeln putzen und klein würfeln. Die Kräuter waschen, trocken schütteln, die Blättchen abzupfen und fein hacken. Die Chilischote waschen, längs halbieren, entkernen und Stielansatz entfernen, fein würfeln.

3 Den Schafskäse zerbröckeln und mit 2 Eiern vermischen. Dann mit Frühlingszwiebeln, Spinat, Chili sowie den Kräutern vermengen und mit Salz, Anissamen sowie mit Pfeffer würzen. Die Butter erhitzen und mit Milch verrühren, ein Backblech mit einer kleinen Menge davon bepinseln. Den Backofen auf 200 °C (Umluft 180 °C) vorheizen.

4 Ein Teigblatt auf das Backblech legen und mit Butter-Milch bepinseln. Darauf die nächsten vier Teigblätter legen und jedes Teigblatt mit Butter-Milch bepinseln.

5 Die Spinat-Schafskäse-Füllung auf den Teigblättern gleichmäßig verteilen. Darauf die anderen fünf Teigblätter versetzt übereinander legen, sodass sie das Backblech ausfüllen, jedes wiederum mit Butter-Milch bestreichen. Für die letzte Teigschicht die restliche Butter-Milch mit dem Eigelb verquirlen und alles üppig bepinseln. Die überhängenden Seitenränder mit einem scharfen Messer abschneiden und die Teigfläche in 24 Portionsstücke ein-, aber nicht durchschneiden.

6 Den Kuchen etwa 30 Minuten backen. Abgekühlt auf dem Backblech belassen und fest mit Alufolie verpacken oder in Portionsstücken in Alufolie packen und in einer Box aufeinanderschichten. Die einzelnen Stücke lassen sich auch gut für die Mittagspause einfrieren.

ARTISCHOCKEN-FRITTATA MIT KNUSPER-ROSMARIN

40 Minuten
1 flacher Transportbehälter, Alufolie

1 Die Kartoffeln waschen, schälen und in etwa 1 cm kleine Würfel schneiden. Die Zwiebel schälen und fein würfeln, in 4 EL erhitztem Olivenöl kurz andünsten. Den Backofen auf 180 °C (Umluft 160 °C) vorheizen.

2 Die Kartoffelwürfel einstreuen und diese unter mehrmaligem Wenden in etwa 15 Minuten garen. Dabei mit Salz und Pfeffer würzen und eventuell etwas Olivenöl nachgießen. Die Artischocken abtropfen lassen und vierteln. Den Rosmarin waschen, trocken tupfen, die Nadeln abzupfen und auf ein mit Alufolie ausgelegtes Backblech geben.

3 Sobald die Kartoffeln gar sind, die Artischocken hinzufügen und alles einige Minuten weiterbraten. Die Eier verquirlen, mit Salz und Pfeffer würzen, über die Gemüsemischung gießen. Die Frittata in 3 bis 4 Minuten anbacken lassen.

4 Die Frittata kann am besten gedreht werden, wenn auf die Pfanne ein großer umgedrehter Teller gelegt wird. Die Pfanne umdrehen, sodass die Frittata auf dem Teller liegt. Dann die Frittata wieder zurück in die Pfanne gleiten lassen. Etwa 1 bis 2 Minuten weiterbraten.

5 Die Rosmarinnadeln in den vorgeheizten Backofen schieben und in 2 bis 3 Minuten „angrillen". Sobald sie duften, aus dem Backofen nehmen (sie verbrennen sehr schnell). Noch heiß in der Alufolie mit grobem Meersalz bestreuen und die Folie verschließen. Die fertige Frittata von der Pfanne auf ein Brett gleiten lassen, abkühlen lassen und in Portionsstücke schneiden. Stücke in eine Transportbox geben. Die Rosmarinnadeln in die Alufolie einschlagen.

Anrichten
Die Rosmarinnadeln auf die Frittatastücke streuen.

Für 4 Portionen

~ 500 g festkochende Kartoffeln
~ 1 kleine Zwiebel
~ 6 EL Olivenöl
~ Salz, schwarzer Pfeffer aus der Mühle
~ 1 kleines Glas Artischockenböden (oder -herzen in Olivenöl, Abtropfgewicht 150 g)
~ 4 – 6 Rosmarinstiele
~ 6 Eier
~ Meersalz

Pro Portion

~ 13 g E * 29 g F * 18 g KH
~ 395 kcal

HUMMUS MIT KARAMELL-MÖHRCHEN

30 Minuten
2 Transportbehälter

Für 4 Portionen
~ 1 Dose gekochte Kicher-
  erbsen (ca. 500 g Abtropfgewicht)
~ 3 Knoblauchzehen
~ 1 kleines Bund Petersilie
~ Saft von 2 Zitronen
~ ca. 100 ml Olivenöl
~ Salz, schwarzer Pfeffer aus
  der Mühle
~ Cayennepfeffer
~ Chilipulver
~ 250 g kleine Frühlings-
  möhren (etwa 8 Stück)
~ 1 EL Butter
~ 3 TL Zucker
~ 4–5 EL Sahne

Pro Portion
~ 10 g E * 34 g F * 31 g KH
~ 482 kcal

1 Die Kichererbsen abtropfen lassen. Die Knoblauchzehen schälen und kleiner schneiden. Die Petersilie waschen, trocken schütteln, die Blättchen abzupfen und fein hacken. Die Kichererbsen mit Knoblauch, Zitronensaft und Olivenöl in der Küchenmaschine oder mit dem Pürierstab fein mixen.

2 Das Kichererbsenmus kräftig mit Salz, Pfeffer, Cayennepfeffer sowie mit Chilipulver würzen. Zuletzt die Petersilie unterrühren und alles nochmals abschmecken. In die Transportbox füllen, verschließen und in den Kühlschrank stellen.

3 Die Frühlingsmöhren waschen und so schälen, dass ein gestutzter Grünansatz noch stehen bleibt. In einer Pfanne die Butter heiß schäumend erhitzen und darin den Zucker auflösen. Etwa 1 Minute rühren, dann die Frühlingsmöhren einlegen und diese von allen Seiten einige Minuten braten lassen. Mit Sahne beträufeln und 1 bis 2 Minuten weitergaren. Die Karamell-Möhren in der Pfanne abkühlen lassen und in eine Transportbox füllen.

Anrichten
Den Hummus vor dem Servieren nochmals durchrühren. Die Karamell-Möhren am Grünansatz in die Hand nehmen und in den Hummus dippen.

CRUDITÉS MIT ROSINEN-LINSEN-DIP

Perfekt für die Schule

40 Minuten
1 kleiner und 1 großer Transportbehälter, Frischhaltefolie

1 Die Linsen in einem Sieb waschen, abtropfen lassen und in einem Topf mit Gemüsebrühe aufkochen, Hitze reduzieren und in etwa 10 Minuten weich garen. Die Rosinen kleiner schneiden, mit Orangensaft beträufeln und quellen lassen.

2 Die Petersilie waschen, trocken schütteln, die Blättchen abzupfen und fein hacken. Die Linsen abgießen, mit Olivenöl pürieren. Mit Salz, Pfeffer, Kreuzkümmel und Cayennepfeffer würzen, Petersilie und Orangen-Rosinen unterrühren. Nochmals abschmecken und in den kleinen Behälter füllen.

3 Für die Crudités das Gemüse putzen und waschen. Die Möhren, je nach Belieben, schälen und in handliche Stifte schneiden. Den Staudensellerie in 4 bis 6 cm lange Stifte und die geputzten Paprikaschoten passend dazu schneiden. Die einzelnen Gemüsesorten in Frischhaltefolie verpacken und in den großen Behälter legen.

Anrichten
Jeder kann sich Crudités nehmen und in den Rosinen-Linsen-dip dippen.

Für 4 Portionen
~ 250 g rote Linsen
~ 500 ml Gemüsebrühe
~ 100 g Rosinen
~ 100 ml Orangensaft
~ 1 Bund glatte Petersilie
~ 5 EL Olivenöl
~ Salz, schwarzer Pfeffer
~ ½ TL Kreuzkümmel
~ Cayennepfeffer
~ 1 kg Gemüse nach Belieben, z. B. Möhren, Staudensellerie, Paprikaschoten

Pro Portion
~ 17 g E * 14 g F * 52 g KH
~ 420 kcal

SORGENFREI WARMES UND KALTES ESSEN MITNEHMEN

Alle Gerichte in diesem Buch lassen sich problemlos mitnehmen. Gerichte für die Mittagspause können eventuell in der Teeküche erwärmt werden – und wenn nicht, dann bietet sich hierfür eine Warmhaltebox an. Doch die meisten Gerichte sind so konzipiert, dass sie auch ohne weiteres Erwärmen verzehrfertig sind. Dennoch gibt es bei der „Transport-Hygiene" ein paar Kleinigkeiten zu beachten, damit Sie auch nach längerem Transport die Leckereien sorgenfrei genießen können.

Hygiene in der Box

Die Transportbehälter müssen für den Gebrauch einwandfrei sauber sein. Die meisten Behältnisse sind spülmaschinengeeignet und können so bei hohen Waschtemperaturen hygienisch gereinigt werden. Lagern Sie die Behälter offen, nicht mit den Deckeln verschlossen, damit sie gut auslüften können. Auch Thermobehälter wie Kannen oder Flaschen ohne Deckel auslüften lassen und nach Herstellerhinweis entsprechend reinigen.

Füllen Sie die Lebensmittel tarnsportsicher in die Behälter: Obst und Gemüse in Stücken vorgeschnitten – immer waschen und entsprechend mit Küchenpapier trocken tupfen. Bestücken Sie die

Behältnisse auch so, dass nichts rutschen oder umherfliegen kann. Hierzu können Sie die Lücken mit Servietten oder Brotpapier ausfüllen. Sie sollten die Behältnisse auch nicht bis zum Rand füllen, denn schnell kann dadurch der Deckel nicht richtig schließen und ein Malheur passieren.

Tipps für Kaltes

~ Sollten Sie nicht über genügend Kühlelemente verfügen, so füllen Sie einfach eine Plastikmineralwasserflasche zu zwei Drittel mit Leitungswasser und stellen diese einen Tag vorher in die Gefriertruhe. Sie nimmt zwar mehr Platz in der Kühltasche weg als die kleinen Elemente, kann aber tiefere Tem-

peraturen länger in der Tasche halten.
~ Für den Ausflug ins Grüne einzelne Weintrauben auf einem Blatt Alufolie ins Gefrierfach geben. Für den Transport die gefrorenen Weintrauben in einen Thermobehälter geben und mit Softdrink Ihrer Wahl auffüllen. Die Trauben fungieren wie Eiswürfel und wenn sie dann im Becher oder Glas langsam an- und auftauen, können sie köstlich verspeist werden.
~ Bei einem Picknick am besten einen Ort an einem Bach oder See wählen. Hier lassen sich bequem „im kühlenden Nass" Wasser-, Wein-, Limonaden- oder Bierflaschen angenehm kühl halten.
~ Isolierbehälter, die kalt halten, und zusätzlich Transportboxen mit Kühlelementen verwenden. Kühlen Sie die Behälter mit kaltem Wasser vor.

Tipps für Warmes
~ Wer am Arbeitsplatz darauf angewiesen ist, sich um seine „warme Mahlzeit" selbst kümmern zu müssen, wird sicherlich mit einem Isolierbehälter gut beraten sein, der bis zu 6 Stunden

warm halten kann. Meist verfügen die Isolierbehälter auch über Portionseinsätze.
~ Zudem gibt es auch Warmhalteboxen, die mit Teller, Besteck und Portionsschalen ausgestattet sind. Wärmen Sie die Behälter mit warmem Wasser vor.

Nicht zum Mitnehmen geeignet
~ Speisen, die aus rohen Zutaten bestehen und aufgrund der unterbrochenen Kühlkette rasch verderben würden, wie z. B. roher Fisch im Salat, Tiramisu mit rohen Eiern, hausgemachte Mayonnaise mit rohen Eiern, Zwiebelmettwurst oder rohes Tatar, empfindliche Keimlinge oder Sprossen, die stundenlang hohen Temperaturen ausgesetzt wären.
~ Speisen, die zu schnell „matschen" könnten, wie bereits angemachte Blattsalate mit Dressing oder überreife Bananen, die nicht entsprechend geschützt transportiert werden können.

Gerichte mit Fleisch

Wer es auch unterwegs deftig mag, für den bietet dieses Kapitel eine Menge Inspiration. Geflügel, Schwein, Rind und Lamm werden so zubereitet, dass sie auch fern vom heimischen Esstisch locker-leicht gegessen werden können. Von gebratenen Bällchen, Streifen oder Spießchen, gegrillten Portionsstücken, die praktisch aus der Hand zu essen sind, über Fleisch mit Sauce zum Löffeln bis zum Fingerfood-Fleisch im knusprigen Teig ist alles dabei. Auch geschmacklich ist von mild bis scharf für alle gesorgt.

ENTRECÔTE AUF PHYSALIS-LINSEN-SALAT

Perfekt für die Arbeit

30 Minuten
1 Transportbehälter, Alufolie

1 Die Linsen in einem Sieb waschen und abtropfen lassen. Linsen in einem Topf in 1 EL heißem Olivenöl unter Rühren 1 Minute andünsten. Mit Gemüsebrühe aufgießen, aufkochen und dann bei mittlerer Hitze etwa 10 Minuten garen.

2 In der Zwischenzeit die Physalis aus den Hüllen pflücken, waschen und 4 davon beiseitelegen. Den Rest kleiner schneiden und mit 4 EL Olivenöl pürieren. Mit Sherryessig verrühren und mit Salz, Pfeffer und Cayennepfeffer würzen.

3 Die Linsen in ein Sieb gießen, abtropfen lassen und mit dem Physalis-Dressing verrühren. Die Frühlingszwiebeln putzen, klein würfeln und mit den 4 ganzen Physalen unter die Linsen mischen. Die Fleischscheiben im heißen Pflanzenöl von allen Seiten scharf anbraten. Die Hitze etwas reduzieren und die Entrecôtes, je nach gewünschtem Garzustand, in 8 bis 10 Minuten fertig braten. Mit Salz und Pfeffer würzen und zum Nachziehen in Alufolie hüllen.

4 Das abgekühlte Linsengemüse in eine Transportbox füllen. Die abgekühlten Fleischscheiben jeweils schräg in schmale Streifen schneiden, wieder zusammensetzen und in Alufolie fest verpacken.

Anrichten
Den Linsensalat gut durchrühren, auf Tellern verteilen und die Fleischstreifen darauf anrichten.

Für 4 Portionen

~ 250 g rote Linsen
~ 5 EL Olivenöl
~ 600 ml Gemüsebrühe
~ 1 Körbchen Physalis (etwa 12 Stück)
~ 1 EL Sherryessig
~ Salz, schwarzer Pfeffer aus der Mühle
~ Cayennepfeffer
~ 4 Frühlingszwiebeln
~ 2 EL Pflanzenöl
~ 2 Entrecôtes (à etwa 200 g)

Pro Portion

~ 37 g E * 28 g F * 30 g KH
~ 526 kcal

TAHINI-HUMMUS MIT LAMM-BOLOGNESE

35 Minuten
1 kleiner Transportbehälter, 1 Thermobehälter, Alufolie

1 Die Petersilienblättchen fein hacken. Kichererbsen in einem Sieb abtropfen lassen und mit Zitronensaft, Sesampaste und Olivenöl pürieren. Mit Kreuzkümmel, Salz, Pfeffer und Rosenpaprika würzen, Petersilie unterziehen. Kühl stellen.

2 Zwiebel und Knoblauch schälen, fein würfeln, im heißen Pflanzenöl glasig andünsten. Hackfleisch zufügen, unter Rühren krümelig braten. Mit Salz, Pfeffer und Oregano würzen. Die Tomaten einrühren, alles einige Minuten schmoren lassen. Mit Zimt abschmecken. In den Thermobehälter füllen.

Anrichten: Hummus auf Teller verteilen und mit Bolognese überziehen. Dazu Pitta-Brot reichen.

Für 6–8 Portionen
~ 1 kleines Bund Petersilie
~ 800 g gekochte Kichererbsen
~ Saft von 1 Zitrone
~ 4 EL Sesampaste (Tahini)
~ 6 EL Olivenöl
~ 1 TL Kreuzkümmel
~ Salz, schwarzer Pfeffer aus der Mühle, Rosenpaprika
~ 1 große Zwiebel
~ 2 Knoblauchzehen
~ 2 EL Pflanzenöl
~ 400 g Lammhackfleisch
~ ½ TL getrockneter Oregano
~ 250 g gehackte Tomaten
~ 1 Prise gemahlener Zimt

Pro Portion (bei 8)
~ 18 g E * 27 g F * 21 g KH
~ 407 kcal

GEFLÜGELKROKETTEN MIT APRIKOT

30 Minuten + ca. 2 Stunden kühlen, 1 Transportbehälter

1 Das Hähnchenbrustfilet sowie den Speck sehr fein hacken. Die Zwiebel schälen und fein würfeln. Die Petersilienblättchen fein hacken. Die Kartoffeln schälen und fein reiben. Alle vorbereiteten Zutaten mit Ei und Paniermehl vermischen.

2 Den Fleischteig mit Salz, Pfeffer und Curry würzen und für 20 Minuten in den Kühlschrank stellen. Anschließend mit befeuchteten Händen etwa 16 Kroketten formen. Die Butter in einer Pfanne erhitzen und darin die Kroketten von allen Seiten in etwa 10 Minuten goldbraun und knusprig braten. Die Kroketten auf Küchenpapier entfetten und abkühlen lassen. Erst dann in die Transportbox legen. Die Aprikosenkonfitüre im Glas mitnehmen.

Anrichten: Die Kroketten schmecken kalt oder warm. Mit einem Löffel die Aprikosenkonfitüre auf die Geflügelkroketten geben.

Für 4 Portionen/16 Kroketten
~ 250 g Hähnchenbrustfilet
~ 50 g Räucherspeck
~ 1 kleine Zwiebel
~ ½ Bund glatte Petersilie
~ 250 g gekochte Kartoffeln (vom Vortag)
~ 1 Ei
~ 2 EL Paniermehl
~ Salz, schwarzer Pfeffer aus der Mühle
~ ¼ TL gemahlener Curry
~ 2 EL Butter
~ 1 kleines Glas Aprikosenkonfitüre

Pro Portion
~ 20 g E * 9 g F * 46 g KH
~ 360 kcal

„CHICKEN" IM PAK-CHOI-GARTEN

Perfekt fürs Picknick

1 Stunde
1 großer flacher Transportbehälter

1 Die Hähnchenkeulen waschen, mit Küchenpapier trocken tupfen und rundherum kräftig mit Salz, Pfeffer und Chilipulver würzen. Den Backofen auf 200 °C (Umluft 180 °C) mit Grillstufe vorheizen. Das Eiweiß verquirlen und die Hähnchenkeulen darin eintauchen. Anschließend in Haferflocken wälzen oder damit bestreuen.

2 Das Pflanzenöl in einer größeren Pfanne erhitzen und darin die Hähnchenkeulen von allen Seiten knusprig braten. Dabei mit einem Esslöffel immer wieder Fett aus der Pfanne über die Hähnchenkeulen gießen.

3 Sobald die Hähnchenkeulen rundherum knusprig gebraten sind, diese auf ein mit Alufolie ausgelegtes Backblech legen und im Backofen in 10 Minuten fertig garen. Nach Belieben mit Chilisauce bepinseln.

4 Die Pak Choi längs halbieren, waschen und gründlich abtropfen lassen. Portionsweise mit den Schnittflächen nach unten in heißem Olivenöl anbraten, mit einem Deckel verschließen und 2 bis 3 Minuten schmoren lassen. Aus der Pfanne direkt nebeneinander in den Transportbehälter legen und mit Sojasauce beträufeln. Kurz abkühlen lassen und die Hähnchenkeulen darauflegen.

Anrichten
Jeder nimmt sich eine Hähnchenkeule und eine Pak-Choi-Hälfte auf einen Teller, mit Messer und Gabel genießen.

Für 8 Portionen
~ 8 Hähnchenkeulen
~ Salz, schwarzer Pfeffer aus der Mühle
~ Chilipulver
~ 2 Eiweiß
~ 100 g Haferflocken
~ 100 – 150 ml Pflanzenöl
~ 1 – 2 EL Chilisauce
~ 4 frische Pak Choi (ersatzweise Mangold)
~ 5 EL Olivenöl
~ 2 EL helle Sojasauce
~ außerdem: Alufolie

Pro Portion
~ 43 g E * 31 g F * 9 g KH
~ 494 kcal

PULPETAS – SPANISCHE KALBFLEISCHSPIESSCHEN

30 Minuten
1 Transportbehälter, 1 kleiner Transportbehälter

Für 4 Portionen

~ 4 dünne Kalbsschnitzel
à 150 g
~ Salz, schwarzer Pfeffer aus
der Mühle
~ 1 Msp. gemahlene
Muskatnuss
~ 4 dünne Scheiben Serrano-
schinken
~ 2 Knoblauchzehen
~ 1 kleine Zwiebel
~ 1 kleines Bund Salbei
~ 2 EL Olivenöl
~ 5 EL trockener Sherry (oder
Weißwein)
~ außerdem: Mehl, 200 g
grüne und schwarze Oliven,
Partysticker
(oder Zahnstocher)

Pro Portion

~ 36 g E * 13 g F * 5 g KH
~ 298 kcal

1   Die Kalbsschnitzel quer halbieren, mit Salz, Pfeffer und Muskatnuss würzen. Die Schinkenscheiben halbieren und jeweils auf die Schnitzelhälften legen. Knoblauchzehen und Zwiebel schälen und fein würfeln. Den Salbei waschen, trocken schütteln und die Blättchen abzupfen.

2   Die Hälfte der Zwiebel- und Knoblauchwürfel auf den Schinkenschnitzeln verteilen und mit Salbeiblättchen belegen. Fest aufrollen und mit Hölzchen feststecken. Leicht in Mehl wenden, überschüssiges abklopfen.

3   Das Öl in einer Pfanne erhitzen, darin die 8 Fleischröllchen von allen Seiten kräftig anbraten. Restliche Zwiebel- und Knoblauchwürfel einstreuen. Hitze verringern und die Kalb-fleischröllchen in etwa 5 Minuten fertig braten. Auf Küchen-papier geben und kurz abkühlen lassen.

4   Den Bratensatz mit Sherry oder Weißwein ablöschen und die Pfanne beiseiteziehen. Die Kalbfleischröllchen dritteln, in die vorgesehene Form geben und mit dem leicht abgekühlten Bratenfond beträufeln. Restliche Salbeiblättchen in Streifen schneiden und darüberstreuen.

Anrichten
Jeder bedient sich mit den Partystickern aus der Transportdose. Dazu schmecken die gemischten Oliven.

PFANNKUCHENRÖLLCHEN MIT POTPOURRI

50 Minuten
Alufolie, 2 Transportbehälter

1   Mit einem Mixer Eier, Milch, Mehl und eine Prise Salz zu einem dickflüssigen Teig rühren. Portionsweise 16 kleine dünne Pfannkuchen in Butter backen. Einzeln abkühlen lassen. Übereinander gestapelt in Alufolie wickeln.

2   Die Salatgurke waschen, schälen, längs halbieren und quer in Streifen schneiden. Die Sprossen gründlich waschen und in einem Sieb abtropfen lassen. Mit den Gurken in eine Transportbox geben. Das Roastbeef in dünnen Streifen in eine zweite Transportbox geben.

Anrichten
Pfannkuchen mit Gurken- und Roastbeefstreifen sowie mit Sprossen belegen, mit Süßsauer-Sauce beträufeln und aufrollen.

Für 8 Portionen
~ 4 Eier
~ 500 ml Milch
~ 250 g Mehl
~ Salz
~ 2 EL Butter
~ 1 große Salatgurke
~ 250 g Sojabohnensprossen
~ 250 g gebratene Roastbeef-scheiben
~ 1 Flasche Süßsauer-Sauce (200 ml)

Pro Portion
~ 19 g E * 10 g F * 33 g KH
~ 308 kcal

BABAGANOUSH MIT HÄHNCHEN-STREIFEN

40 Minuten
1 kleiner Transportbehälter, 1 (Isolier-)Behälter

1   Den Backofen auf 200 °C (Umluft 180 °C) vorheizen. Die Aubergine rundherum mit einer Gabel einstechen, für etwa 25 Minuten in den Backofen legen, bis die Auberginenhaut sichtlich dunkel gefärbt ist und Blasen wirft. Dann schälen und das Auberginenfruchtfleisch mit Crème fraîche und Zitronensaft pürieren. Mit Salz und Pfeffer würzen und in einer kleinen Transportbox luftdicht verpacken.

2   Das Hähnchenschnitzel in feinen Streifen in heißem Pflanzenöl rundherum 3 bis 4 Minuten braten. Mit Salz und Pfeffer würzen und in den Thermobehälter füllen.

Für 1 Portion
~ 1 mittlere Aubergine
~ 3 EL Kräuter-Crème-fraîche
~ 1 TL Zitronensaft
~ Salz, schwarzer Pfeffer aus der Mühle
~ 150 g Hähnchenschnitzel
~ 1 EL Pflanzenöl

Pro Portion
~ 40 g E * 34 g F * 8 g KH
~ 500 kcal

GRILLPIZZA IM PARK

30 Minuten
2 Transportbehälter, Frischhaltefolie, 1 kleines Schraubglas
1 Campingpfanne mit Deckel

1 Für den Teig Mehl in eine Schüssel sieben, in der Mitte eine Mulde formen. Die Trockenhefe mit Wasser verrühren und in die Mulde gießen. Mit etwas Mehl vom Rand bestreuen und 20 Minuten ruhen lassen.

2 Den Vorteig mit Olivenöl und Salz zu einem geschmeidigen Teig kneten und in 8 Portionen teilen. Diese 8 Teigportionen nochmals kneten, zu Kugeln formen und dicht nebeneinander in einen Transportbehälter geben.

3 Die Champignons putzen und feinblättrig schneiden. Den Kochschinken in feine Streifen schneiden. Pilze, Schinken und Käse separat in Frischhaltefolie verpacken und in einer Box verpacken. Das Öl in das Schraubglas geben. Die Tomatensauce in der Originalverpackung mitnehmen.

Anrichten
Die Campingpfanne mit etwas Pflanzenöl bepinseln, auf den heißen Grill oder über die Glut des Feuers stellen – nicht in die Flammen! Je eine Teigportion möglichst dünn auf der Handfläche platt drücken und in die Pfanne legen. Mit Tomatensauce beträufeln, Belag darüberstreuen, Deckel daraufsetzen und etwa 5 Minuten grillen, gelegentlich Deckel heben und nachsehen, ob die Pizza fertig ist. Achtung, der Deckel ist heiß!

Tipp
Möglichst einen Pfannenheber zum Herausheben der fertigen Pizzen im Gepäck haben.

Für 8 Pizzen

Für den Teig
~ 500 g Mehl
~ 1 Päckchen Trockenhefe
~ 200 ml lauwarmes Wasser
~ 3 TL Olivenöl
~ 1 kräftige Prise Salz

Für den Belag
~ 150 g Champignons
~ 150 g Kochschinken
~ 100 g frisch geriebener Käse
~ 150 g fertige, gewürzte Tomatensauce
~ 3 EL Pflanzenöl

Pro Pizza
~ 14 g E * 10 g F * 46 g KH
~ 345 kcal

ASIATISCHE WÜRSTCHEN IM SALATBLATT

30 Minuten
2 Transportbehälter, 1 kleiner Transportbehälter

Für 4 Portionen

~ 500 g gemischtes Hack-
  fleisch

~ 3 Knoblauchzehen

~ ½ TL Salz

~ 1 Prise Zucker

~ 2 EL Reiswein

~ 2 EL asiatische Fischsauce

~ 100 g gekochter Reis

~ 1 kleine Chilischote

~ 3 EL Pflanzenöl

~ 1 Kopfsalatherz

~ 1 kleines Bund Koriander

~ nach Belieben: Sojasauce

Pro Portion

~ 25 g E * 29 g F * 9 g KH

~ 407 kcal

1 Das Hackfleisch in eine Schüssel geben. Die Knoblauchze-hen schälen und durch eine Knoblauchpresse hinzudrücken. Salz mit Zucker, Reiswein und Fischsauce verrühren und über das Hackfleisch gießen. Die Schüssel abdecken und zum Durchziehen kurz in den Kühlschrank stellen.

2 In der Zwischenzeit den gekochten Reis in einer beschich-teten Pfanne 3 bis 4 Minuten kurz rösten. Abkühlen lassen und mit dem Hackfleisch verkneten. Chili ohne Stil klein hacken und in den Teig mischen. Den Fleischteig in 12 Portio-nen zu länglichen, etwa 7 cm langen Würstchen formen.

3 Das Pflanzenöl erhitzen und darin die Würstchen von allen Seiten knusprig braten. Die Hitze verringern und die Hackfleischwürstchen in etwa 5 Minuten fertig braten. Heraus-nehmen, auf Küchenpapier entfetten und abkühlen lassen.

4 Das Kopfsalatherz entblättern und die einzelnen Blätter unter fließend kaltem Wasser waschen. Trocken schütteln, in Küchenpapier einwickeln und in einer Box für den Transport verschließen. Koriander hacken und separat verpacken.

Anrichten
Jeder nimmt sich ein Salatblatt, wickelt ein Fleischwürstchen darin ein und bestreut es nach Belieben mit Koriander. Wer möchte, kann in einem kleinen Dressingbehälter Sojasauce mitnehmen.

PFIFFERLINGS-FRIKADELL-CHEN IN CHICORÉE

Perfekt für die Schule

40 Minuten
1 Transportbehälter

1 Die Pfifferlinge putzen, waschen und klein hacken. Die Petersilie waschen, trocken schütteln, die Blättchen abzupfen und fein hacken. Die Zwiebel schälen und fein würfeln. Den Räucherspeck in kleine Würfel schneiden. Das Brötchen in kleine Stücke schneiden, mit etwas kaltem Wasser begießen und kurz einweichen lassen.

2 Die Butter in einer beschichteten Pfanne erhitzen und darin die Zwiebel- und Speckwürfel 1 Minute andünsten. Die Pfifferlinge einstreuen und alles so lange braten, bis die Pilz-flüssigkeit verdunstet ist. Alles mit Salz und Pfeffer würzen, die Petersilie einrühren und die Pfanne beiseiteziehen.

3 Die Brotstücke ausdrücken und mit Hackfleisch, dem Pfanneninhalt sowie dem Ei zu einem geschmeidigen Teig vermischen und kneten. Den Teig in 12 Portionen teilen und diese zu flachen Frikadellen formen. Das Paniermehl auf einen Teller breitflächig streuen und die Pilzfrikadellen darin wenden.

4 Das Pflanzenöl in einer größeren Pfanne erhitzen und darin die Pilzfrikadellen auf jeder Seite scharf anbraten. Dann bei mittlerer Hitze in etwa 10 Minuten fertig braten und dabei mehrmals wenden. Herausnehmen und auf Küchenpapier entfetten. Den Chicorée längs halbieren, entstrunken und in einzelne Blätter teilen. Die Blätter waschen, mit Küchenpapier trocken tupfen und wieder zusammengesetzt in einer Plastikdose verschließen.

Anrichten
Jeder nimmt sich ein Chicoréeblatt, gibt darauf eine Pilz-Frikadelle und nimmt sich etwas Würzsenf aus der Tube.

Für 12 Frikadellen

- ~ 150 g frische Pfifferlinge
- ~ 1 kleines Bund Petersilie
- ~ 1 Zwiebel
- ~ 50 g Räucherspeck
- ~ 1 Brötchen (vom Vortag)
- ~ 1 EL Butter
- ~ Salz, schwarzer Pfeffer aus der Mühle
- ~ 500 g gemischtes Hack-fleisch
- ~ 1 Ei
- ~ 50 – 80 g Paniermehl (Semmelbrösel)
- ~ 3 EL Pflanzenöl
- ~ 1 Chicorée
- ~ Senf aus der Tube

Pro Portion

- ~ 10 g E * 12 g F * 6 g KH
- ~ 182 kcal

Für 4 Portionen

- ~ 4 Kalbsschnitzel (Schulter oder Nuss)
- ~ Salz, schwarzer Pfeffer aus der Mühle
- ~ 100 g Mehl
- ~ 2 Eier
- ~ etwas Milch
- ~ 150 g Paniermehl (Semmelbrösel)
- ~ 100 ml Pflanzenöl
- ~ 1 EL Butter
- ~ außerdem: 16 Partysticker (oder Zahnstocher)
- ~ 1 kleines Glas Preiselbeeren

Pro Portion

- ~ 40 g E * 24 g F * 59 g KH
- ~ 617 kcal

SCHNITZEL MIT PREISELBEEREN

30 Minuten
1 flacher Transportbehälter

1 Die Kalbsschnitzel dünn klopfen, quer in 4 mundgerechte Stücke schneiden, mit Salz und Pfeffer würzen und in Mehl wenden. Dann in mit Eiern verquirlter Milch eintauchen und in Paniermehl wenden, die Panade nicht festdrücken.

2 In zwei große Pfannen jeweils die Hälfte des Pflanzenöls erhitzen. Die Schnitzelstreifen einlegen und von jeder Seite knusprig anbraten. Die Hitze reduzieren und unter mehrmaligem Wenden in etwa 6 Minuten fertig braten. Dabei die Butter auf den Schnitzeln verteilen.

3 Die Schnitzelstreifen auf Küchenpapier abtropfen und abkühlen lassen. Die Form mit einer Serviette auslegen, die abgekühlten Schnitzel einlegen und die Form verschließen.

Anrichten
Mit einem Partysticker die Schnitzelstreifen aufpieksen. Die Preiselbeeren als Dip reichen.

Für 1 Portion

- ~ 3 – 4 Frühlingsmöhrchen
- ~ 5 – 6 Strauchtomaten
- ~ 4 Blätter Eisbergsalat
- ~ 1 Weizentortilla (Fertigprodukt)
- ~ 50 g Streichfrischkäse
- ~ 100 g gekochte dünne Putenbrustscheiben
- ~ Salz, schwarzer Pfeffer aus der Mühle

Pro Portion

- ~ 40 g E * 18 g F * 48 g KH
- ~ 537 kcal

SCHNELLE PAUSENBOX „ROH'N'ROLL"

15 Minuten
1 Transportbehälter

1 Die Frühlingsmöhrchen waschen und so schälen, dass der grüne Stielansatz stehen bleibt. Die Tomaten waschen und mit Küchenpapier trocken tupfen.

2 Den Eisbergsalat waschen, trocken schwenken und quer in dünne Streifen schneiden. Die Tortilla mit Streichkäse bestreichen. Den Eisbergsalat darüberstreuen und die Putenbrustscheiben darauf verteilen. Mit Salz und Pfeffer würzen.

3 Die Seiten etwas einklappen und fest aufrollen. Quer halbieren und jede Hälfte mit einer Papierserviette umhüllen. Dann mit der Rohkost in den Transportbehälter geben.

VANILLE-KOHLRABI MIT HUHN

Perfekt für die Arbeit

30 Minuten
1 (Isolier-)Behälter, Alufolie

1 Das Hühnerbrustfilet waschen, mit Küchenpapier trocken tupfen und rundherum mit Salz, Pfeffer sowie mit Rosenpaprika würzen. In heißem Öl von allen Seiten 3 bis 4 Minuten anbraten. Die Hitze reduzieren und das Fleischstück weitere 5 Minuten braten. Herausnehmen, in Alufolie verpacken und „nachziehen" lassen.

2 In der Zwischenzeit die Kohlrabiknollen waschen, schälen, zuerst in dünne Scheiben und diese quer in 5 mm dünne Stifte schneiden. Einige Kohlrabiblättchen in Streifen schneiden. In einem Topf die Butter erhitzen und darin den Zucker unter Rühren auflösen. Die Kohlrabistifte hinzufügen, alles mit Salz und Pfeffer würzen und kurz andünsten.

3 Die Vanilleschote längs aufschlitzen, das Mark herauskratzen und unter das Gemüse rühren. Den Topfinhalt mit etwa 100 ml Wasser beträufeln und bei kleiner Hitze 5 bis 6 Minuten garen lassen. Nochmals abschmecken und die Kohlrabiblätterstreifen unterrühren.

4 Das Hühnerbrustfilet vollständig abkühlen lassen und erst dann schräg in dünne Scheibchen schneiden. Wieder zusammengesetzt als Hühnerbrust für den Transport fest einwickeln. Den Vanille-Kohlrabi abkühlen lassen und in einer Transportdose verschließen.

Anrichten
Falls an der Arbeitsstelle eine Mikrowelle vorhanden ist, das Gemüse und die Hühnerbrust erwärmen.
Falls keine Mikrowelle vorhanden ist, den Vanille-Kohlrabi in einem Thermobehälter transportieren. Das gebratene Fleisch kann auch kalt dazu gegessen werden. Die zweite Portion kann eingefroren werden.

Für 2 Portionen

~ 1 ganzes Hühnerbrustfilet (etwa 200 g)
~ Salz, schwarzer Pfeffer aus der Mühle
~ 1 Prise Rosenpaprika
~ 2 EL Pflanzenöl
~ 2 Kohlrabiknollen (ca. 500 g)
~ 1 EL Butter
~ 1 TL Zucker
~ 1 Vanilleschote

Pro Portion

~ 26 g E * 17 g F * 9 g KH
~ 300 kcal

„KRAUTS"–FINGERFOOD AUS NEW YORK

40 Minuten + 30 Minuten kühlen
1 Transportbehälter

1 Knoblauchzehe und Schalotte schälen und fein würfeln. Das Corned Beef in sehr kleine Stücke hacken. Das Sauerkraut mit den Händen ausdrücken und fein hacken. Die Petersilie waschen, trocken schwenken, die Blättchen abzupfen und hacken.

2 Die Butter in einer Pfanne erhitzen und darin die Knoblauch- und Schalottenwürfel glasig andünsten. Corned Beef einstreuen und unter Rühren 2 bis 3 Minuten braten. Das Sauerkraut hinzufügen und alles so lange garen, bis die Flüssigkeit aufgesogen ist.

3 Das Mehl und die Petersilie einrühren. Sobald das Mehl unter dem Pfanneninhalt vermischt ist, die Brühe zugießen. Alles etwa 2 Minuten kochen und dabei rühren, damit eine kompakte Bindung entsteht; dann die Pfanne beiseiteziehen.

4 Das Sauerkrautgemisch in eine Schüssel füllen, abdecken und für 30 Minuten in den Kühlschrank stellen. Anschließend daraus 24 Bällchen formen. Mehl mit Salz, Pfeffer und Cayennepfeffer würzen. Die Eier mit Milch (oder auch Wasser) verquirlen.

5 Die Sauerkrautbällchen in Mehl wenden, durch die verquirlten Eier ziehen und in Paniermehl wenden. Das Pflanzenöl in einem Topf erhitzen und darin die Sauerkrautbällchen portionsweise und schwimmend von allen Seiten 2 bis 3 Minuten frittieren. Die goldgelb gebackenen Bällchen auf Küchenpapier entfetten.

Anrichten
Die knusprigen Sauerkrautbällchen mit Senf oder fertiger Salsa zum Dippen servieren. Schmecken auch kalt.

Für etwa 24 Stück
- ~ 1 Knoblauchzehe
- ~ 1 Schalotte
- ~ 250 g Corned Beef (oder Schinken)
- ~ 500 g abgetropftes, rohes Sauerkraut (Dose)
- ~ ¼ Bund Petersilie
- ~ 1 EL Butter
- ~ 1 gehäufter EL Mehl
- ~ 125 ml Fleisch- oder Gemüsebrühe

Zum Panieren
- ~ ca. 150 g Mehl
- ~ Salz, Pfeffer aus der Mühle
- ~ Cayennepfeffer
- ~ 3 Eier
- ~ 3 EL Milch
- ~ Paniermehl

Zum Frittieren
- ~ 500 ml Pflanzenöl

Pro Stück
- ~ 4 g E * 4 g F * 7 g KH
- ~ 84 kcal

BLÄTTERTEIGBONBONS MIT CHIMICHURRI

50 Minuten
1 flacher Transportbehälter, 1 kleines Schraubglas

1 Die Frühlingszwiebeln putzen und klein würfeln. Die Chili waschen, längs durchschneiden, ohne Stiel entkernen und in kleine Würfel schneiden. Mit den Frühlingszwiebeln in heißem Öl 2 bis 3 Minuten andünsten.

2 Das Rinderhackfleisch hinzufügen und unter Rühren krümelig braten. Mit Tomatenmark kurz rösten. Mit Rotwein oder Brühe beträufeln. Alles mit Salz, Pfeffer, Oregano und Chiligewürz würzen, etwa 5 Minuten leise weitergaren, dann kurz abkühlen lassen. Mit saurer Sahne vermengen.

3 Den Backofen auf 220 °C (Umluft 200 °C) vorheizen. Die Blätterteigscheiben einzeln auf einer bemehlten Arbeitsfläche etwas ausrollen und jeweils in 4 Portionen schneiden. Mittig mit etwas Hackfleisch belegen, aufrollen und wie Bonbons zusammendrehen.

4 Die Blätterteigbonbons mit den Schnittkanten nach oben auf zwei mit Backpapier belegte Backbleche legen. Das Eigelb mit 2 EL kaltem Wasser verquirlen und die Bonbons damit bestreichen. In etwa 20 Minuten goldgelb und knusprig backen.

5 Die Petersilie waschen, trocken schütteln, die Blättchen abzupfen und fein hacken. Zusammen mit Limetten- oder Zitronensaft vermischen. Die Knoblauchzehen schälen, durch eine Knoblauchpresse dazudrücken und alles mit Olivenöl verrühren. Kräftig mit Salz, Pfeffer, Oregano, Thymian und vor allem Chilipulver würzen und in das Schraubglas geben.

Transport und Anrichten
Die Blätterteigbonbons sollten vollständig abgekühlt sein, bevor sie transportiert werden. Das Chimichurri vor Ort nochmals durchrühren und zum Dippen bereitstellen.

Für 24 Stück
(2 Backbleche)

Für Blätterteigbonbons
~ 4 Frühlingszwiebeln
~ 1 kleine, rote Chilischote
~ 2 EL Pflanzenöl
~ 250 g Rinderhackfleisch
~ 1 EL Tomatenmark
~ 5 EL Rotwein (oder Brühe)
~ Salz, schwarzer Pfeffer
   aus der Mühle
~ 1 TL getrockneter Oregano
~ 1 Prise Chiligewürz
~ 100 g saure Sahne
~ 6 Scheiben aufgetauter
   Blätterteig (450 g Packung)
~ außerdem: Mehl, 1 Eigelb

Für das Chimichurri
~ 1 Bund glatte Petersilie
~ Saft von 1 Limette
   (oder Zitrone)
~ 2 Knoblauchzehen
~ 5 EL Olivenöl
~ Salz, schwarzer Pfeffer
   aus der Mühle
~ je 1 Prise getrockneter
   Oregano, getrockneter
   Thymian, Chilipulver

Pro Stück
~ 4 g E * 9 g F * 8 g KH
~ 136 kcal

DOWN UNDER
COKE-HÄHNCHEN

70 Minuten
Alufolie

1 Die Hähnchenkeulen waschen, mit Küchenpapier trocken tupfen und rundherum kräftig mit Salz, Pfeffer, Cayennepfeffer und Ingwer würzen. Eine Auflaufform mit Pflanzenöl ausstreichen und die Hähnchenteile einlegen. Den Backofen auf 200 °C (Umluft 180 °C) vorheizen.

2 Den Lauch längs ohne das dunkle Grün halbieren, zwischen den Blattschichten waschen. Dann quer in feinste Streifen schneiden. Die Zwiebel sowie die Möhre schälen und klein würfeln. Die Kartoffel schälen und fein reiben. Tomatenketchup mit Curryketchup, Cola und Zwiebelsuppe verrühren und das Gemüse untermischen.

3 Die Mischung auf den Hähnchenkeulen verteilen. Die Auflaufform mit Alufolie abdecken und in den vorgeheizten Backofen schieben. Die Hähnchenkeulen etwa 50 Minuten garen lassen. Dann die Alufolie abnehmen und die Hähnchenkeulen in etwa 10 Minuten knusprig fertig backen.

Anrichten
Die Auflaufform abkühlen lassen, mit Alufolie verschließen und transportieren. Vor dem Verzehr im Backofen erwärmen.

Für 4 Portionen
~ 8 Hähnchenkeulen
~ Salz, schwarzer Pfeffer aus der Mühle
~ Cayennepfeffer
~ Ingwerpulver
~ 2 EL Pflanzenöl
~ je 1 Lauchstange, Zwiebel, Möhre, Kartoffel
~ 200 ml Tomatenketchup
~ 200 ml Curryketchup (oder Chutneysauce)
~ 200 ml Cola
~ 200 ml braune warme Fertig-Zwiebelsuppe

Pro Portion
~ 81 g E * 29 g F * 37 g KH
~ 750 kcal

KRÄUTERBURGER AUF ERDNUSS-BROKKOLI

30 Minuten
2 Transportbehälter, 2 Gefrierbehälter

Für 2 Portionen

~ 300 g Rinderhackfleisch
~ Meersalz, schwarzer Pfeffer
  aus der Mühle
~ 1 TL getrockneter Thymian
~ 1 kleines Bund gemischte
  Kräuter (Petersilie, Kerbel,
  Oregano, Basilikum)
~ 3 EL Rapsöl
~ 500 g Brokkoli
~ 1 EL Butter
~ 1 EL ungesalzene Erdnüsse

Pro Portion

~ 38 g E * 45 g F * 5 g KH
~ 592 kcal

1 Das Hackfleisch mit Meersalz, Pfeffer und Thymian würzen. Die Kräuter waschen, trocken schwenken, die Blättchen abzupfen und grob hacken.

2 Das Rinderhackfleisch in 2 Portionen teilen. Jede Fleischportion flach drücken, mit Kräutern belegen, diese rundherum mit dem Hackfleisch umhüllen, flach drücken. Die gefüllten Burger mit 1 EL Rapsöl bepinseln und bis zur Weiterverarbeitung in den Kühlschrank stellen.

3 Den Brokkoli putzen, in Röschen teilen und waschen. Anschließend 1 Minute in Salzwasser kochen, abgießen, kalt abbrausen und abtropfen lassen.

4 In einer Pfanne 2 EL Rapsöl erhitzen und darin die Burger auf beiden Seiten in 10 bis 12 Minuten braten; herausnehmen und auf Küchenpapier legen, abtropfen lassen. Dann eine Portion in einen Transportbehälter geben, die andere einfrieren.

5 In einer Pfanne die Butter erhitzen und darin die Brokkoliröschen von allen Seiten braten. Mit Meersalz und Pfeffer würzen und die Erdnüsse unterheben. Abkühlen lassen und eine Portion in einen Transportbehälter geben, die andere einfrieren.

Anrichten
Brokkoli und Burger im Büro in der Mikrowelle erwärmen.

KÄSE-HACKBÄLLCHEN MIT BÄRLAUCHDIP

40 Minuten + 1 Tag marinieren
1 flacher Transportbehälter
1 Schraubglas oder Dressingbecher

1 Den Bärlauch putzen, waschen und klein schneiden. Mit dem Olivenöl begießen, verrühren, mit Folie abdecken und bis zu 1 Tag marinieren lassen.

2 Das Hackfleisch mit den Eiern und dem Käse vermischen. Vom Bärlauch-Olivenöl 2 EL unter das Hackfleisch mischen. Mit Salz, Pfeffer und Rosenpaprika würzen und daraus etwa 24 Bällchen formen.

3 In zwei Pfannen das Pflanzenöl erhitzen. Die Käse-Hackbällchen einzeln in Paniermehl wenden, einlegen und von allen Seiten 3 bis 4 Minuten kräftig anbraten. Dann die Hitze reduzieren und die Bällchen in 8 bis 10 Minuten fertig braten. Aus den Pfannen nehmen, auf Küchenpapier entfetten und abkühlen lassen.

4 Den Bärlauch im restlichen Öl mit Zitronensaft mit einem Pürierstab mixen. In einen verschließbaren Becher füllen und bis zum Transport in den Kühlschrank stellen. Die abgekühlten Käse-Hackbällchen in den Transportbehälter geben.

Anrichten
Bei einer Party können die Käse-Hackbällchen auf einer Servierplatte, einzeln mit bunten Partystickern, präsentiert werden.

Für 24 Stück
~ 1 kleines Bund Bärlauch
~ 150 ml Olivenöl
~ 800 g Hackfleisch (Rind oder gemischt)
~ 2 Eier
~ 50 g geriebener Gouda
~ Salz, schwarzer Pfeffer aus der Mühle
~ 1 kräftige Prise Rosenpaprika
~ 6 EL Pflanzenöl
~ etwa 100 g Paniermehl
~ Saft von ½ Zitrone

Pro Stück
~ 8 g E * 13 g F * 3 g KH
~ 165 kcal

ENTENBRUST UND GEMÜSE AUS DEM PAPIER

40 Minuten
1 Transportbehälter

Für 2 Portionen

~ 1 Entenbrust (etwa 300 g)
~ Salz, schwarzer Pfeffer aus der Mühle
~ 1 EL Olivenöl
~ 200 g Champignons
~ 1 kleine Lauchstange
~ 1 Möhre (150 g)
~ 4 Estragonstiele
~ 1 EL Kräuterbutterflöckchen
~ 200 ml Geflügelbrühe
~ 1 EL Pflanzenöl
~ außerdem: Backpapier

Pro Portion

~ 31 g E * 41 g F * 7 g KH
~ 537 kcal

1 Die Entenbrust waschen, mit Küchenpapier trocken reiben und die Hautseite mit einem scharfen Messer rautenförmig einschneiden. Rundherum mit Salz und Pfeffer würzen.

2 Den Backofen auf 180 °C (Umluft 160 °C) vorheizen und einen Bräter großzügig mit Backpapier auslegen. Das Backpapier mit Olivenöl bepinseln. Die Champignons putzen, je nach Größe halbieren oder vierteln. Den Lauch putzen, längs halbieren, waschen und quer in dünne Streifen schneiden.

3 Die Möhre schälen und schräg in Scheibchen schneiden. Den Estragon waschen, trocken schwenken, die Blättchen abzupfen und grob zerschneiden. Alle vorbereiteten Zutaten auf den Boden des Bräters auslegen. Mit Salz und Pfeffer würzen und mit Geflügelbrühe beträufeln.

4 Die Entenbrust in heißem Öl auf jeder Seite 2 bis 3 Minuten braten. Aus der Pfanne nehmen, mit der Hautseite nach oben auf das Gemüse setzen und den Bräter für etwa 20 Minuten in den Backofen schieben. Das Fleisch ist dann innen zart rosa.

5 Kurz vor Ende der Garzeit die Entenbrust mit Kräuterbutter belegen und die Haut noch etwas bräunen lassen. Anschließend den Bräter aus dem Ofen nehmen, die Entenbrust in Alufolie wickeln und bis zu 10 Minuten nachziehen lassen. Das Gemüse in eine verschließbare Transportbox füllen. Die Entenbrust auswickeln, schräg in Scheibchen schneiden und wieder zusammengesetzt auf dem Gemüse platzieren.

Anrichten
Die Hälfte davon für die nächste „Büro-Mahlzeit" einfrieren. Die andere Hälfte am Bestimmungsort entweder warm aus der Thermobox essen oder in der Mikrowelle erwärmen.

MINZE-LAMMBÄLLCHEN

Perfekt für Party & Picknick

30 Minuten
1 Transportbehälter, 1 Schraubglas oder Dressingbecher

1 Die Pinienkerne in einer heißen Pfanne ohne Fett kurz rösten. Herausnehmen und grob hacken oder in einem Mörser zerreiben. Die Minze waschen, trocken tupfen, von den Stielen zupfen und fein hacken.

2 Das Fladenbrot klein würfeln und in einer Schüssel mit etwas kaltem Wasser einweichen. Die Knoblauchzehen sowie die Zwiebel abziehen und fein würfeln.

3 Das Fladenbrot ausdrücken und zusammen mit Lammhackfleisch, drei Viertel der gehackten Minze, Pinienkernen, Knoblauch- und Zwiebelwürfeln sowie dem Ei kneten.

4 Den Fleischteig mit 1 EL Zitronensaft, Salz, Pfeffer, Cayennepfeffer, Piment und Kreuzkümmel würzen. Mit befeuchteten Händen etwa 12 Bällchen formen.

5 Das Olivenöl in einer Pfanne erhitzen und darin die Fleischbällchen von allen Seiten etwa 10 Minuten braten. Herausnehmen, auf Küchenpapier entfetten und mit 1 EL Zitronensaft beträufeln.

6 Die Fleischbällchen abkühlen lassen und erst dann in eine Transportbox füllen. Den Joghurt mit restlicher Minze verrühren, mit Salz und Pfeffer würzen, in einen Dressingbecher füllen und bis zum Transport in den Kühlschrank stellen.

Anrichten
Für das Partybuffet die Minze-Lammbällchen auf eine Platte geben und mit gut gekühltem Minze-Joghurt löffelweise überziehen. Sie können die Bällchen auch auf Holzspieße stecken.

Für 4 Portionen

~ 50 g Pinienkerne (oder weiße Sesamsamen)
~ ½ Bund frische Minze
~ 100 g Fladenbrot (vom Vortag)
~ 2 Knoblauchzehen (optional)
~ 1 kleine Zwiebel
~ 400 g Lammhackfleisch
~ 1 Ei
~ 2 EL Zitronensaft
~ Salz, schwarzer Pfeffer aus der Mühle
~ 1 Prise Cayennepfeffer
~ je ½ TL gemahlener Piment und Kreuzkümmel
~ 10 EL Olivenöl
~ 150 g Vollmilchjoghurt (1 Becher)

Pro Portion

~ 25 g E * 38 g F * 16 g KH
~ 518 kcal

LAMMLACHSE IM FEIGENPFEFFER

30 Minuten + 30 Minuten marinieren
1 Transportbehälter

Für 4 Portionen

~ 400 g Lammlachse
~ 1 Knoblauchzehe
~ 1 TL getrockneter Thymian
~ ½ TL gemahlener Kurkuma
~ 5 EL Pflanzenöl
~ ½ Bund glatte Petersilie
~ 2 Frühlingszwiebeln
~ 100 g frische Champignons
~ Salz, schwarzer Pfeffer aus
  der Mühle
~ 5 EL trockener Weißwein
  (oder Brühe)
~ 8 kleine Feigen mit Saft
  (Dose)
~ 1 TL grüne, eingelegte
  Pfefferkörner
~ außerdem: 1 Baguette

Pro Portion

~ 32 g E * 18 g F * 76 g KH
~ 612 kcal

1 Das Lammfleisch in schmale Streifen schneiden. Die Knoblauchzehe schälen, fein würfeln und mit Thymian, Kurkuma und 3 EL Pflanzenöl verrühren. Mit den Lammfleischstreifen vermengen, mit Folie verschließen und für etwa 30 Minuten im Kühlschrank marinieren lassen.

2 Die Petersilie waschen, trocken schwenken, von den Stielen zupfen und fein hacken. Die Frühlingszwiebeln putzen und fein würfeln. Die Champignons mit einem feuchten Tuch abreiben und je nach Größe halbieren oder vierteln.

3 Eine beschichtete Pfanne erhitzen und darin die Lammfleischstreifen mit Würzöl von allen Seiten kräftig braten. Herausnehmen, auf einen Teller legen und salzen. Restliches Pflanzenöl in die Pfanne gießen und darin Frühlingszwiebeln und Champignons andünsten.

4 Den Pfanneninhalt salzen und pfeffern, mit Weißwein oder Brühe ablöschen. Die Feigen mit Saft sowie die grünen Pfefferkörner einrühren. Die Lammfleischstreifen mit entstandenem Bratensaft untermischen und alles nochmals abschmecken. Zum Schluss mit Petersilie garnieren.

Anrichten
Wenn am Bestimmungsort keine Mikrowelle vorhanden ist, alles in einen Thermobehälter füllen. Das warme Gericht auspacken und auf Teller verteilen. Dazu gibt es Baguette zum Tunken der Sauce.

PUTENSPIESSE MIT MANGOSAUCE

Perfekt für Party & Picknick

30 Minuten + 30 Minuten marinieren
1 Transportbehälter, 1 Schraubglas oder Dressingbecher

1 Das Putenfleisch in etwa 2 cm x 1 cm Stücke schneiden und auf 8 Holzspieße stecken. Die Knoblauchzehen schälen und durch eine Knoblauchpresse zum Olivenöl drücken. Die Kräuter waschen, trocken schütteln, die Blättchen abzupfen und fein hacken. Zusammen mit Zitronensaft und Knoblauchöl verrühren, alles über die Putenspieße gießen, mit Klarsichtfolie verschließen und für mindestens 30 Minuten zum Marinieren in den Kühlschrank stellen.

2 In der Zwischenzeit die Mangos schälen, das Fruchtfleisch von den Kernen schneiden und klein würfeln. Die Chilischote fein zerbröseln. In einer Pfanne die Butter erhitzen und darin unter Rühren den Zucker schmelzen lassen. Die Chilibrösel darin kurz schwenken, die Mangostücke einrühren.

3 Den Pfanneninhalt etwa 2 Minuten dünsten, mit Sherry oder Gemüsebrühe ablöschen und zuletzt die Sahne einrühren. Alles mit Salz und Pfeffer würzen und die Pfanne beiseiteziehen. Nach dem Abkühlen in ein Schraubglas geben.

4 Die marinierten Putenspieße in einer beschichteten heißen Pfanne von allen Seiten 4 bis 5 Minuten braten, dabei restliches Kräuteröl vom Einlegen darüberträufeln. Auf Küchenpapier abkühlen lassen und in einen Behälter legen.

Anrichten
Die Spieße schmecken warm und kalt. Die Mangosauce mit einem Löffel über die Spieße träufeln. Beim Picknick können Sie das Putenfleisch mit der Sauce auch in Fladenbrottaschen geben.

Für 4 Portionen

Für die Putenspieße
~ 500 g Putenfilet
~ 2 Knoblauchzehen
~ 3 EL Olivenöl
~ 1 kleines Bund gemischte Kräuter (Basilikum, Petersilie, Oregano, Salbei)
~ Saft von ½ Zitrone
~ Salz, schwarzer Pfeffer aus der Mühle

Für die Sauce
~ 2 kleine reife Mangos
~ ½ getrocknete kleine rote Chilischote
~ 1 EL Butter
~ 1 EL Zucker
~ 100 ml trockener Sherry (oder Gemüsebrühe)
~ 5 EL Sahne
~ außerdem: 8 Schaschlickspieße aus Holz

Pro Portion
~ 31 g E * 16 g F * 19 g KH
~ 382 kcal

Bunte Naschereien

Selbstgebackene Kuchen, fruchtig gefüllte Tartelettes, Muffins, Cremes, Früchtemischungen, Milchreis und gebackene Kekse, die süße Qual der Wahl fällt in diesem Kapitel nicht leicht. Wie wäre es mit Cantuccini für die Satteltaschen bei der Radtour, Muffins fürs Büro, den Möhrenkuchen als Mitbringsel für die Party und die Blätterteig-Pizza fürs Picknick – oder doch ganz anders?

TARTELETTES MIT SCHOKOPUDDING UND KORIANDER-KIRSCHEN

30 Minuten + 1 Stunde kühlen
2 Transportbehälter

1 Die Milch aufkochen, das Schokoladenpulver nach Packungsangabe mit etwas Milch und Zucker glatt rühren und in die kochende Milch rühren. Sobald der Pudding merklich andickt, den Topf beiseiteziehen und den Pudding in einen Transportbehälter füllen. Bei Zimmertemperatur abkühlen lassen, den Behälter verschließen und bis zum Transport in den Kühlschrank stellen.

2 Die Kirschen waschen, entsteinen und mit Kirschsaft zum Kochen aufstellen. Mit Zucker und Koriander würzen. Die Speisestärke mit 2 EL Wasser glatt rühren und die Kirschen damit binden. Den Topf beiseiteziehen und die Kirschen abkühlen lassen. In eine verschließbare Transportbox füllen. Die Tartelettes möglichst in der Verpackung befördern.

Anrichten
Jeder nimmt sich eine Tartelette, füllt diese mit 1 bis 2 Löffeln Schokopudding und gibt etwas Koriander-Kirschen darüber.

Für 8 Portionen
~ 500 ml Milch
~ 1 Packung Schokopudding-
  pulver
~ 2 EL Zucker
~ 500 g süße Kirschen
~ 125 ml Kirschsaft (oder
  Wasser)
~ 50 g Zucker
~ ½ TL zerstoßene Korianderkörner
~ 1 EL Speisestärke
~ 8 Tartelettes (Fertigprodukt)

Pro Portion
~ 4 g E * 6 g F * 43 g KH
~ 253 kcal

GRILL-POPCORN „SÜSSER ZEITVERTREIB"

10 Minuten
1 Campingtopf mit Deckel

1 Je nachdem, wie der Grill beschaffen ist, einen Campingtopf über die Glut hängen oder auf die Grillplatte stellen. Das Pflanzenöl kurz erhitzen und Maiskörner einstreuen.

2 Den Topf mit dem Deckel verschließen. Nach wenigen Minuten melden die Klopf- und Prasselgeräusche, dass die Maiskörner aufpoppen. Sobald die Geräusche verstummen, ist das Popcorn fertig.

Für 8 Portionen
~ 2 EL Pflanzenöl
~ 1 Tüte Popcorn-Mais (250 g)
~ nach Belieben: Zucker oder Salz

Pro Portion (ohne Zucker)
~ 2 g E * 3 g F * 20 g KH
~ 126 kcal

BLÄTTERTEIGPIZZA MIT APFEL-MARZIPAN

30 Minuten
1 Transportbehälter

1 Die Äpfel geschält und entkernt in dünne Spalten schneiden, mit Zitronensaft beträufeln. Den Backofen auf 200 °C (Umluft 180 °C) vorheizen, ein Backblech mit Backpapier auslegen und darauf die Blätterteigscheibe legen.

2 Die Aprikosenkonfitüre in einem Topf unter Rühren erwärmen, mit der Hälfte davon die Blätterteigscheibe bepinseln. Die Marzipanrohmasse mit Puderzucker kneten, ausrollen und auf die Blätterteigscheibe legen.

3 Die Apfelspalten auf dem Marzipan breitflächig verteilen und mit restlicher Aprikosenkonfitüre bestreichen. Das Ei mit der Mascarpone sowie dem Zucker cremig rühren, mit Zimt würzen und die Apfelspalten damit überziehen. Blätterteigpizza etwa 15 Minuten backen. Die abgekühlten Stücke mit Backpapier als Trenner in die Transportbox schichten.

Für 1 Backblech
~ 250 g Äpfel
~ Saft von ½ Zitrone
~ 50 g Aprikosenkonfitüre
~ 1 runde Blätterteigscheibe (fertig aus der Kühltheke)
~ 100 g Marzipanrohmasse
~ 50 g Puderzucker
~ 1 Ei
~ 100 g Mascarpone
~ 1 TL Zucker
~ 1 Prise gemahlener Zimt
~ außerdem: Backpapier

Pro Stück (bei 12)
~ 4 g E * 11 g F * 18 g KH
~ 197 kcal

Für 8–10 Portionen

~ 500 g Mehl
~ 1 Päckchen Backpulver
~ 1 Päckchen Vanillezucker
~ etwas geriebene Zitronenschale
~ 100 g Zucker
~ 1 Prise Salz
~ 200 ml lauwarmes Wasser

Pro Portion (bei 10)

~ 5 g E * 0 g F * 47 g KH
~ 218 kcal

GRILLKUCHEN AM STOCK

20 Minuten + 1 Stunde kühlen
1 Transportbehälter

1 Das Mehl mit Backpulver, Vanillezucker und Zitronenschale in einer Schüssel vermischen. Mit einem elektrischen Hand-rührgerät Zucker, Salz und Wasser zügig unterrühren. Den Teig für mindestens 1 Stunde kühl stellen. In einem Transportbehälter mitnehmen.

2 Zum Grillen je 1 Portion Teig nehmen, diesen um einen Holzstab wickeln und über der Glut des Lagerfeuers oder des Grills unter Drehen in einigen Minuten garen, bis der Kuchen knusprig braun ist.

Für 4 Portionen

Für den Chili-Zimt-Rhabarber

~ 1 kg Rhabarber
~ 2 kleine rote Chilischoten
~ 100 ml Weißwein (oder
  Wasser)
~ 200 g Zucker
~ ¼ TL gemahlener Zimt

Für das Erdbeermus

~ 500 g Erdbeeren
~ Mark von ½ Vanilleschote
~ 1 EL Zitronensaft

Pro Portion

~ 2 g E * 1 g F * 59 g KH
~ 279 kcal

CHILI-ZIMT-RHABARBER MIT ERDBEERMUS

40 Minuten
1 Transportbehälter, 1 kleines Schraubglas oder Dressingbecher

1 Backofen auf 180 °C (Umluft 160 °C) vorheizen. Rhabarber geschält in ca. 5 cm große Stücke schneiden. Chilis ohne Stiel und Kerne würfeln. Beides in einer Auflaufform verteilen.

2 Weißwein mit Zucker aufkochen, über die Rhabarberstücke gießen. Mit etwas Zimt würzen. Im Backofen etwa 25 Minuten schmoren lassen. In der Form abkühlen lassen und für den Transport in einen Behälter füllen.

3 Die gestückelten Erdbeeren mit dem Vanillemark und dem Zitronensaft pürieren. In einem Becher verschließen und bis zum Transport kühl stellen.

Anrichten
Rhabarberstücke in Gläser füllen, mit Erdbeermus begießen.

GEBACKENER MILCHREIS MIT GRÜNER GRÜTZE

40 Minuten + 2 Stunden kühlen
1 Transportbehälter oder 4 große Schraubgläser

1 Den Backofen auf 180 °C (Umluft 160 °C) vorheizen. Eine Auflaufform mit 1 EL Butter ausfetten, den Milchreis darin verteilen. Milch mit Zucker verrühren und über den Reis gießen. Mit Zimt bestäuben und mit Butterflöckchen belegen.

2 Den Milchreis in etwa 40 Minuten backen. Sollte die Oberfläche zu schnell bräunen, den Milchreis mit Alufolie abdecken. Anschließend in der Form vollständig abkühlen lassen.

3 In der Zwischenzeit die Stachelbeeren waschen. Den Apfel schälen, entkernen und in kleinere Stücke schneiden. Die Kiwis schälen, vierteln und quer in Scheibchen schneiden.

4 Unter ständigem Rühren den Apfelsaft mit Zucker in einem Topf aufkochen. Die Stachelbeeren sowie die Apfelstücke einlegen und alles bei mittlerer Hitze 2 bis 3 Minuten leise kochen lassen.

5 Die Speisestärke mit 3 TL Saft aus dem Topf glatt rühren, die Früchtemischung damit binden und kurz aufkochen lassen. Zuletzt die Kiwischeibchen einrühren und alles bei ausgeschaltetem Herd noch kurz ziehen lassen. Anschließend kurz abkühlen lassen und in die Transportschüssel füllen. Die Oberfläche mit Puderzucker bestäuben, mit Klarsichtfolie verschließen und zum vollständigen Durchkühlen in den Kühlschrank stellen. Den Milchreis in der Form transportieren oder abwechselnd Milchreis und Grütze in 4 Schraubgläser füllen.

Anrichten
Der Milchreis kann vor dem Verzehr nochmals erwärmt werden. Jeder nimmt sich Milchreis in eine Schale und gibt grüne Grütze darüber. Oder das Dessert wird einzeln portioniert aus den Schraubgläsern gelöffelt.

Für 4 Portionen

Für den Milchreis
~ 2 EL Butter
~ 300 g Milchreis
~ 1 l Milch
~ 100 g Zucker
~ gemahlener Zimt

Für die grüne Grütze
~ 250 g Stachelbeeren
~ 1 Apfel (Boskop oder säuerlicher Granny Smith)
~ 3 Kiwis
~ 250 ml Apfelsaft
~ 50 g Zucker
~ 3 TL Speisestärke
~ 1 TL Puderzucker

Pro Portion
~ 14 g E * 16 g F * 140 g KH
~ 778 kcal

MÖHRENKUCHEN MIT MANDELN

20 Minuten + 60 Minuten backen
Alufolie

1 Die Möhren schälen und fein raspeln.

2 Den Backofen auf 180 °C (Umluft 160 °C) vorheizen. Eine Springform mit Butter ausfetten und mit Mehl ausklopfen. Das Eiweiß zu steifem Schnee schlagen. Die Eigelbe mit Zucker etwa 2 Minuten cremig rühren. Nach und nach Möhrenraspel, abgeriebene Orangenschale, Mandeln, Mehl, Backpulver, Zimt und 1 Prise Salz unterrühren. Je nach Teigkonsistenz 1 bis 2 EL Orangensaft unterrühren.

3 Zuletzt den Eischnee unter den Rührteig ziehen. Den Teig in die Springform füllen und die Oberfläche dabei glatt streichen. Die Springform in den vorgeheizten Backofen stellen und den Möhrenkuchen in etwa 60 Minuten backen.

4 Den Kuchen aus dem Backofen nehmen und abkühlen lassen. Die Teigränder mit einem spitzen Messer leicht lösen, aber den Kuchen in der Form lassen. Den Kuchen bei Zimmertemperatur vollständig abkühlen lassen.

5 Den Kuchen in der Form befördern und dabei mit Alufolie fest abdecken und verschließen. Es gibt auch Spring- und Kastenkuchenformen, die einen verschließbaren Kunststoffdeckel mit Tragegriff haben.

Für 1 Springform (Ø 28 cm)
~ 400 g Möhren
~ Butter und Mehl für die Form
~ 4 Eier, getrennt
~ 250 g Zucker
~ Abrieb und Saft von ½ Bio-Orange
~ 250 g gemahlene Mandeln
~ 150 g Mehl
~ 1 Päckchen Backpulver
~ 1 Prise gemahlener Zimt
~ Salz

Pro Stück (bei 12)
~ 9 g E * 14 g F * 34 g KH
~ 304 kcal

BRIOCHE MIT SCHOKOCREME

40 Minuten + 40 Minuten ruhen
1 Transportbehälter

Für 12 kleine Brioches

~ 300 g Mehl
~ ½ frischer Hefewürfel (20 g)
~ 1 TL Zucker
~ 2 EL Milch (oder Sahne)
~ 150 g geschmolzene Butter
~ 2 Eier
~ 1 Prise Salz
~ 24 Papiermanschetten für
  Muffins
~ Butter für die Förmchen
~ 1 Eigelb zum Bestreichen
~ 1 Glas Schokocreme

Pro Portion

~ 6 g E * 23 g F * 37 g KH
~ 387 kcal

1 Das Mehl in eine Schüssel sieben und in die Mitte eine Mulde drücken. Die Hefe einbröckeln und den Zucker darüberstreuen. Mit Milch beträufeln, etwas umrühren, dann die Schüssel mit einem Tuch abdecken und den Vorteig etwa 20 Minuten ruhen lassen.

2 Mit einem elektrischen Handrührgerät die Butter, die Eier und 1 Prise Salz unter den Vorteig rühren. Abdecken und nochmals 20 Minuten ruhen lassen.

3 Je 2 Papiermanschetten ineinanderstecken und diese mit Butter auspinseln. Den Teig kurz durchkneten und diesen in 12 Portionen teilen. Jede Teigportion in ein Förmchen so eindrehen, dass zwei ineinanderhängende Kugeln entstehen (die untere etwas größer, die obere etwas kleiner). Den Backofen auf 200 °C (Umluft 180 °C) vorheizen.

4 Das Eigelb verquirlen und jede Teigportion bestreichen. Die Brioche auf ein Backblech stellen und nochmals 10 Minuten ruhen lassen. Anschließend im vorgeheizten Backofen in etwa 20 Minuten goldgelb backen.

5 Die kleinen Brioches kurz abkühlen lassen und dann aus den Förmchen nehmen. Jede Brioche quer halbieren, wieder zusammensetzen, in Folie einwickeln und für den Transport in einer Box verpacken.

Anrichten
Jeder nimmt sich eine Brioche, das schon durchgeschnitten vorbereitet ist und füllt dieses mit Schokocreme. Wieder zusammensetzen und abbeißen.

ROTE-BEEREN-GRÜTZE MIT ZIMT-VANILLEPUDDING

Perfekt für Ausflug & Picknick

30 Minuten + 2 Stunden kühlen
2 Transportbehälter

1 Die Beeren waschen, dabei die Johannisbeeren von den Stielen abperlen. Alle Früchte trocken tupfen und dann die Erdbeeren in kleinere Stücke schneiden. Den Johannisbeerensaft mit 50 g Zucker aufkochen und die Zimtstange einlegen.

2 In den leicht siedenden Saft die Früchte einlegen und alles bei mittlerer Hitze 2 bis 3 Minuten leise kochen lassen. Die Speisestärke mit 2 EL Fruchtsaft aus dem Topf glatt rühren und einrühren, sodass die Fruchtmischung gebunden wird. Den Topf vom Herd nehmen, die Zimtstange entfernen und die Grütze kurz abkühlen lassen.

3 Den Vanillepudding nach Packungsanweisung mit 50 g Zucker und Milch herstellen. Noch heiß in die Transportform geben, die Oberfläche mit Zimt bestäuben und den Pudding bei Zimmertemperatur abkühlen lassen.

4 Die Beeren-Grütze in die Transportform füllen, die Oberfläche breitflächig mit Puderzucker bestäuben, mit Klarsichtfolie abdecken und im Kühlschrank auskühlen lassen. Die Beeren-Grütze sowie den Zimt-Vanillepudding für den Transport mit den Deckeln verschließen.

Anrichten
Jeder nimmt sich in eine Schale Beeren-Grütze und toppt diese mit Zimt-Vanillepudding.

Für 4 Portionen
~ 150 g rote Johannisbeeren
~ 250 g Erdbeeren
~ 200 g Himbeeren
~ 250 ml Johannisbeerensaft
~ 100 g Zucker
~ ½ Zimtstange
~ 2 EL Speisestärke
~ 1 Packung Vanillepuddingpulver
~ 500 ml Milch
~ gemahlener Zimt

Pro Portion
~ 6 g E * 5 g F * 58 g KH
~ 320 kcal

Perfekt für Party & Picknick

SOMMERLICHER KIRSCHKUCHEN

80 Minuten
Alufolie

Für 1 Springform (Ø 28 cm)
~ 1 kg süße Kirschen
~ 1 EL Kirschwasser oder
  Kirschlikör
~ 125 g weiche Butter
~ 125 g Zucker
~ 4 Eier
~ 150 g Mehl
~ 50 g Stärkemehl
~ 1 Päckchen Trockenhefe
~ 1 Päckchen Backpulver
~ 1 Prise Salz
~ Butter für die Springform
~ Puderzucker

Pro Stück (bei 12)
~ 4 g E * 12 g F * 35 g KH
~ 270 kcal

1   Die Kirschen waschen, entsteinen und in einer Schüssel mit Kirschwasser oder Kirschlikör vermengen. Den Backofen auf 180 °C (Umluft 160 °C) vorheizen und eine Springform mit Butter ausfetten.

2   Die Butter mit dem Zucker und den Eiern schaumig rühren. Nach und nach Mehl, Stärkemehl, Trockenhefe, Backpulver und Salz unterrühren. Den Teig in die gefettete Springform füllen und die Kirschen darauf verteilen, die leicht einsinken.

3   Die Springform auf die mittlere Schiene in den vorgeheizten Backofen schieben und den Sommer-Kirschkuchen in etwa 50 Minuten backen. Nach dem Herausnehmen bei Zimmerwärme vollständig abkühlen lassen. Den abgekühlten Kuchen in der Springform lassen, fest mit Alufolie verpacken und transportieren.

Anrichten
Zum Servieren mit Puderzucker bestäuben.

Tipp
Anstatt der Kirschen saftige Aprikosen oder süße Birnen verwenden.

KALTER FRÜCHTEREIS
MIT KOKOS

15 Minuten
8 kleine Schraubgläser oder 1 Transportbehälter

1 Die Mango schälen, das Fruchtfleisch vom Stein schneiden und klein würfeln. Die Ananas schälen, vierteln, harte Strunkteile entfernen und das Fruchtfleisch in kleine Stücke schneiden.

2 Die Butter mit dem Zucker in die Pfanne geben und unter Rühren schmelzen lassen. Mango- und Ananasstücke hinzufügen und unter Schwenken von der Butter überziehen lassen.

3 Den gekochten Klebreis in die Pfanne rühren und nach kurzem Schwenken die Kokosnussmilch zugießen. Bei kleiner Hitze 2 bis 3 Minuten garen und dann die Pfanne vom Herd ziehen. Abkühlen lassen und in Schraubgläser füllen. Kokosnussraspeln in der Originalverpackung mitnehmen.

Anrichten
Die Gläschen auspacken und vor Ort mit Kokosnussraspeln bestreuen.

Tipp
Den Klebreis möglichst am Vortag kochen, dann ist dieser gut durchgekühlt. Am besten 150 g rohen Klebreis einige Minuten mit kaltem Wasser (durch-)waschen, abtropfen lassen, in einem Topf mit 300 ml Wasser einmal aufkochen und dann bei kleinster Hitze 15 Minuten ausquellen lassen. Klebreis „klebt" aufgrund seines hohen Stärkeanteils beim Kochen zusammen.

Für 8 Portionen
~ 1 kleine Mango
~ 1 Babyananas
~ 2 EL Butter
~ 2 EL Zucker
~ 250 g gekochter Klebreis (150 g Rohmenge)
~ 100 ml Kokosnussmilch
~ außerdem: 100 g Kokosnussraspeln

Pro Portion (bei 8)
~ 2 g E * 13 g F * 21 g KH
~ 217 kcal

CANTUCCINI MIT STUDENTENFUTTER

40 Minuten
1 Transportbehälter

Für 1 Backblech
- ~ 200 g Zucker
- ~ 2 Eier
- ~ 200 g Mehl
- ~ 200 g Studentenfutter (eine Mischung aus Rosinen und ungesalzenen Nüssen wie Cashewkerne, Paranüsse, Walnüsse, Haselnüsse und Mandeln)
- ~ außerdem: Backpapier, etwas Mehl

Pro Stück (bei 60)
- ~ 1 g E * 1 g F * 7 g KH
- ~ 46 kcal

1 Den Backofen auf 180 °C (Umluft 160 °C) vorheizen und ein Backblech mit Backpapier auslegen.

2 Den Zucker und die Eier mit einem Handrührgerät etwa 3 Minuten schaumig-cremig schlagen. Nach und nach das Mehl unterrühren. Zuletzt das Studentenfutter unterheben – am besten mit den Händen einarbeiten.

3 Den leicht klebrigen Teig in der Schüssel in zwei Portionen teilen. Mit bemehlten Händen jede Teigportion zu länglichen, etwa 5 cm breiten Broten formen, sodass beide Teigstränge nebeneinander auf das Backblech passen. Möglichst Abstand halten, weil sich die Teigportionen beim Backen ausdehnen.

4 Das Backblech in den vorgeheizten Backofen schieben und die süßen Brote in etwa 20 Minuten backen, bis sie bernsteinfarben aussehen. Das Backblech aus dem Ofen nehmen und die Brote etwa 10 Minuten abkühlen lassen. Den Backofen ausschalten.

5 Jedes „Studentenbrot" auf ein Holzbrett geben und in etwa 1,5 cm breite Stücke schneiden. Diese mit den Schnittflächen wieder auf das Backblech geben. Zurück in den abkühlenden Backofen schieben und wieder entnehmen, wenn der Backofen vollständig kalt ist.

Transport
Die Cantuccini in eine mit einer Serviette ausgelegte Box legen und verschließen. Oder einfach in Alufolie wickeln.

WALNUSS-MUFFINS MIT MELISSE-ERDBEEREN

50 Minuten
1 Transportbehälter

1 Die Erdbeeren waschen, Stielansatz entfernen, in kleine Stücke schneiden und auf Küchenpapier legen. Die Zitronenmelisse waschen, trocken schütteln, die Blättchen abzupfen und in Streifen schneiden.

2 Den Backofen auf 200 °C (Umluft 180 °C) vorheizen und jeweils 2 Papierförmchen ineinander stecken. Alle 14 Stück mit Butter auspinseln. In einer Schüssel Butter, Zucker und Eier etwa 2 Minuten mit einem elektrischen Handrührgerät cremig rühren.

3 Nach und nach das Mehl sowie das Backpulver unterrühren. Zuletzt die Erdbeeren, die Zitronenmelisse sowie die gehackten Walnüsse mit einem Spatel unter den Teig rühren. Alles in die Förmchen füllen, jedoch nur drei Viertel hoch, da der Teig beim Backen aufgeht.

4 Die gefüllten Papierförmchen auf ein Backblech stellen und in den vorgeheizten Backofen stellen. Die Backzeit beträgt etwa 30 Minuten. Anschließend vollständig auskühlen lassen. Dann in eine Transportbox geben.

Anrichten
Zum Servieren mit Puderzucker bestäuben.

Für 14 Stück
~ 250 g Erdbeeren
~ 3 – 4 Stiele Zitronenmelisse
~ 125 g zimmerwarme Butter
~ 125 g Zucker
~ 3 Eier
~ 250 g Mehl
~ 1 Päckchen Backpulver
~ 150 g gehackte Walnusskerne
~ 28 Muffinförmchen aus Papier
~ Puderzucker

Pro Stück
~ 5 g E * 16 g F * 25 g KH
~ 270 kcal

FRÜCHTESALAT MIT NUSS-BAISER-GOODIES

40 Minuten + 3 bis 4 Stunden trocknen
1 Transportbehälter, 1 flacher Transportbehälter

1 Den Backofen auf 140 °C (Umluft 120 °C) vorheizen. Für die „Goodies" das Eiweiß mit 1 Prise Salz zu stichfestem Schnee schlagen. Den Puderzucker durch ein Haarsieb über den Eischnee sieben und vorsichtig unterrühren. Zuletzt die gehackten Nüsse unterziehen. Die Papierförmchen auf ein Backblech verteilen. Die Nuss-Baiser-Masse mit einem Esslöffel in die Papierförmchen verteilen, aber nur zu drei Viertel füllen. Das Backblech in den vorgeheizten Backofen schieben und die Nuss-Baiser-Goodies in etwa 1 Stunde „trocknen" lassen. Sie sollen keine Farbe annehmen, also nicht bräunen, sondern nur trocknen.

2 Das Backblech aus dem Backofen nehmen und die „Goodies" in den Papierförmchen belassen. Vor dem Transport bei Zimmerwärme weitere 2 Stunden trocknen lassen. Dann in einen Transportbehälter geben.

3 Alle Früchte waschen, dann die Kirschen und den Pfirsich entsteinen, die Erdbeeren entstielen, Apfel schälen und entkernen. Alles in mundgerechte Stücke schneiden und mit abgeriebener Zitronenschale und -saft vermischen.

4 Den fertigen Früchtesalat mit Puderzucker bestäuben und die Schüssel verschließen. Bis zum Transport in den Kühlschrank stellen.

Anrichten
Jeder nimmt sich ein Nuss-Baiser und Früchtesalat auf einen Teller.

Tipp
Orangensaft in einen Eiswürfelbehälter füllen. Beim Transport dem Früchtesalat einige Orangen-Eiswürfel untermengen – so bleibt der Salat kühl-fruchtig-frisch.

Für 20 Stück

Für die Nuss-Baiser-Goodies
~ 4 Eiweiß
~ 1 Prise Salz
~ 200 g Puderzucker
~ 200 g geröstete gehackte Nüsse
~ 20 Muffinförmchen

Für den Früchtesalat
~ 1 kg saisonales Obst wie z. B. Kirschen, Erdbeeren, Apfel, Pfirsich
~ Saft und abgeriebene Schale von 1 Bio-Zitrone
~ Puderzucker

Pro Stück
~ 3 g E * 6 g F * 16 g KH
~ 138 kcal

REGISTER

ABKÜRZUNGEN

Mengenangaben
TL = Teelöffel
EL = Esslöffel
g = Gramm
kg = Kilogramm
ml = Milliliter
l = Liter

Nährwertangaben
kcal = Kilokalorien
E = Eiweiß
F = Fett
KH = Kohlenhydrate

© 2015 Stiftung Warentest, Berlin

Stiftung Warentest
Lützowplatz 11–13
10785 Berlin
Telefon 0 30/26 31–0
Fax 0 30/26 31–25 25
www.test.de
email@stiftung-warentest.de

USt.-ID-Nr.: DE 1367 25570

Vorstand: Hubertus Primus
Weitere Mitglieder der Geschäftsleitung:
Dr. Holger Brackemann, Daniel Gläser

Programmleitung: Niclas Dewitz

Autorin: Rose Marie Donhauser
Projektleitung/Lektorat: Friederike Krickel
Lektoratsassistenz: Florian Ringwald
Korrektorat: Susanne Reinhold, Berlin
Nährwertberechnung: Astrid Büscher, Hamburg
Titelentwurf, Illustrationen, Gestaltung, Layout:
Josephine Rank, Berlin
Fotografie Titel: Peter Schulte, Hamburg
Styling Titel: Julia Luck
Fotografie Szenen: Knut Koops, Berlin
Styling Szenen: Bodil Koops
Fotografie Rezepte: Jörn Rynio, Hamburg
Styling Rezepte: Rainer Meidinger, Antje Küthe,
Michaela Suchy

Produktion: Vera Göring
Verlagsherstellung: Rita Brosius (Ltg.),
Susanne Beeh
Litho: tiff.any, Berlin
Druck: Rasch Druckerei und Verlag GmbH & Co.
KG, Bramsche

ISBN: 978-3-86851-418-6